Klaus Hinrichsen

Mein erster Rottweiler

Auswahl und Kauf, Ernährung und Gesundheit, Erziehung und Pflege

Haftungsausschluss

Für Aussagen und Hinweise des Autors in diesem Buch kann keinerlei Garantie übernommen werden. Eine Haftung für Personen-, Sach- oder Vermögensschäden ist ausgeschlossen.

Für die Recherche dieses Buches wurden viele Bücher, Informationsschriften und Zeitungsartikel gesichtet. Auch das Internet war eine hilfreiche und ergiebige Quelle.

Obwohl zu keiner Zeit beabsichtigt war und ist, Texte aus fremden Quellen unzitiert zu übernehmen, kann der Autor aber nicht gänzlich ausschließen, dass der eine oder andere gelesene Teil eines einmal gelesenen Artikels sich so (positiv) im Gedächtnis festgesetzt hat, dass er sich so oder ähnlich an der einen oder anderen Stelle dieses Buches (zum Wohle der Hunde) wiederfindet. Dies ist nur der Versuch des Autors, das Buch professionell zu gestalten, um dem interessierten Leser und Freund dieser Hunderasse eine hoffentlich interessante Lektüre zu bieten, verbunden mit der Hoffnung, dass sich möglichst viele Hundefreunde dieser überaus beliebten Rasse zuwenden mögen.

Die Veröffentlichung aller in diesem Buch verwendeten Clipparts erfolgte mit freundlicher Genehmigung der Nova Media Verlag GmbH. © Nova Media Verlag GmbH.

Jede Verwertung aller Texte, Bilder und Clipparts (auch auszugsweise) ist ohne Zustimmung des Autors rechtswidrig und strafbar. Dies gilt insbesondere für Vervielfältigungen, Übersetzungen, Mikroverfilmungen und die Speicherung bzw. Verarbeitung mit bzw. in elektronischen Systemen.

Hinrichsen, Klaus
Mein erster Rottweiler
ISBN 3-8311-0533-2
Alle Rechte vorbehalten
© August 2000

Umschlaggestaltung:
Klaus Hinrichsen

***

Libri Books on Demand
ISBN 3-8311-0533-2
Printed in Germany

Hunde sind die besseren Menschen

Für Jutta und Desha

Reutlingen, im August 2000
Klaus Hinrichsen

Inhalt

I. Vorstellung der Rasse

1. Die Geschichte des Rottweilers

Natürlich stammt auch der Rottweiler vom Wolf ab, auch wenn die Vorstellung, dass ein kleiner Terrier und der große Mastiff den gleichen Urahnen haben, schwer fällt. Vor mehr als 10000 Jahren begann die Domestizierung, indem der Mensch die guten Gebrauchseigenschaften der Hunde erkannte und so die Tiere durch gezielte Zucht immer weiter verbesserte, um die Hunde zur Jagd, als Schutz- und Hütehund sowie als Herdentreibhund einzusetzen

Vermutlich stammt der Rottweiler von den Malossern ab. Er wurde schon in der Römerzeit und im Mittelalter als Treib- und Schutzhund geschätzt und gilt damit vielleicht als die älteste Hunderasse überhaupt.

In der ehemaligen Reichsstadt Rottweil trafen sich schon damals die römischen Viehhändler mit ihren Treibhunden, um ihren Geschäften nachzugehen. Diese unerschrockenen und robusten Hunde wurden im Laufe der Zeit von diesen Viehhändlern und Rottweiler Metzgern (Daher stammt auch der früher oft für den Rottweiler benutzte Name „Metzgerhund") mit Hütehunden aus der Rottweiler Gegend verpaart.

Hieraus entstand letztendlich die heute als Rottweiler sehr bekannte und beliebte Hunderasse, dessen konsequente Reinzucht 1907 mit Gründung des ADRK (Allgemeiner Deutscher Rottweiler-Klub e.V.) begann.

Obwohl die Einführung der Eisenbahn Anfang des 20. Jahrhunderts den Viehtreibhunden ihre Arbeit nahm, wurde der Rottweiler trotzdem immer populärer. Diese harte, unerschrockene und kraftvolle Rasse wurde schon bald als Diensthund geschätzt und 1910 auch offiziell als Polizeihund anerkannt.

Heute besitzt der Rottweiler alle Voraussetzungen, um einem sehr vielseitigen Gebrauchshund gerecht zu werden. Er wird sowohl als Polizeihund, Rettungshund als auch als Blindenführhund erfolgreich eingesetzt und erfreut sich als Familienhund großer Beliebtheit.

Sportive Menschen finden in dem robusten und unverwüstlichen Rottweiler einen perfekten Teamgefährten für die vielfältigsten Fitnessaktivitäten wie Jogging, Radfahren, Inline Skating, Kick-Board-Fahren, Skilanglauf oder Bergwandern. Wenn Sie täglich mindestens 2 Stunden Zeit haben und sich mit Ihrem Hund beschäftigen bzw. ihn beschäftigen, haben Sie für viele Jahre einen treuen und zuverlässigen Partner und Familienhund gefunden.

2. Der Rassestandard des Rottweilers

Allgemeines Erscheinungsbild des Hundes

Der Rottweiler ist ein mittelgroßer bis großer, stämmiger Hund, weder plump noch leicht, nicht hochläufig oder windig. Seine im richtigen Verhältnis stehende, gedrungene und kräftige Gestalt lässt auf große Kraft, Wendigkeit und Ausdauer schließen.

Wichtige Maßverhältnisse (Proportionen)

Das Maß der Rumpflänge, gemessen vom Brustbein bis zum Sitzbeinhöcker, sollte dasjenige der Widerristhöhe höchstens um 15 % überschreiten.

Verhalten und Charakter

Von freundlicher und friedlicher Grundstimmung, kinderliebend, ist er sehr anhänglich, gehorsam, führig und arbeitsfreudig. Seine Erscheinung verrät Urwüchsigkeit, sein Verhalten ist selbstsicher, nervenfest und unerschrocken. Er reagiert mit hoher Aufmerksamkeit gegenüber seiner Umwelt.

Kopf

Oberkopf: Mittellang.
Schädel: Zwischen den Ohren breit, in der Stirnlinie, seitlich gesehen, mäßig gewölbt. Hinterhauptstachel gut entwickelt, ohne stark hervorzutreten.
Stop: Stirnabsatz ausgeprägt.

Gesichtsschädel

Nase: Nasenrücken gerade, mit breitem Ansatz und mäßiger Verjüngung, Nasenkuppe gut ausgebildet, eher breit als rund, mit verhältnismäßig großen Öffnungen, stets von schwarzer Farbe.
Schnauze: Der Fang sollte im Verhältnis zum Oberkopf weder gestreckt noch verkürzt wirken.
Lefzen: Schwarz, fest anliegend, Lefzenwinkel geschlossen, Zahnleiste möglichst dunkel.
Kiefer: Kräftiger, breiter Ober- und Unterkiefer.
Backen: Jochbogen ausgeprägt.

Gebiss:	Stark und vollständig (42 Zähne), die oberen Schneidezähne greifen scherenartig über die des Unterkiefers.
Augen:	Mittelgroß, mandelförmig, von tiefbrauner Farbe, Lider gut anliegend.
Ohren:	Mittelgroß, hängend, dreieckig, weit voneinanderstehend, hoch angesetzt. Der Oberkopf erscheint bei nach vorn gelegten, gut anliegenden Ohren verbreitert.
Hals:	Kräftig, mäßig lang, gut bemuskelt, mit leicht gewölbter Nackenlinie, trocken, ohne Wamme oder loser Kehlhaut.

Rumpf

Rücken:	Gerade, kräftig, stramm.
Lendenpartie:	Kurz, kräftig und tief.
Kruppe:	Breit, von mittlerer Länge in leichter Rundung verlaufend, weder gerade noch stark abfallend.
Brust:	Geräumig, breit und tief (ca. 50 % der Widerristhöhe), mit gut entwickelter Vorbrust und gut gewölbten Rippen.
Bauch:	Flanken nicht aufgezogen.
Rute:	Kurz kupiert, wobei ein oder zwei Rutenwirbel sichtbar erhalten bleiben. In Ländern, in denen der Gesetzgeber ein Rutenkupierverbot erlassen hat, kann die Rute naturbelassen bleiben.

Gliedmaßen

Vorderhand

Allgemeines:	Die Vorderläufe sind von vorn gesehen gerade und nicht eng gestellt. Die Unterschenkel stehen, seitlich gesehen, gerade. Die Neigung des Schulterblattes zur Waagerechten ist etwa 45 Grad.
Schultern:	Gut gelagert.
Oberarm:	Gut am Rumpf anliegend.
Unterarm:	Kräftig entwickelt und bemuskelt.
Vordermittelfuß:	leicht federnd, kräftig, nicht steil.
Pfoten:	Rund, Zehen eng aneinanderliegend und gewölbt, Ballen hart, Nägel kurz, schwarz und stark.

Hinterhand

Allgemeines: Von hinten gesehen sind die Hinterläufe gerade, nicht eng gestellt. Im zwanglosen Stand bilden Oberschenkel zum Hüftbein, Oberschenkel zum Unterschenkel und Unterschenkel zum Mittelfuß einen stumpfen Winkel.

Oberschenkel: Mäßig lang, breit und stark bemuskelt.

Unterschenkel: Lang, kräftig und breit bemuskelt, sehnig in ein kraftvolles Sprunggelenk übergehend, gut gewinkelt, nicht steil.

Pfoten: Etwas länger als die Vorderpfoten, Zehen stark, ebenso gut eng aneinanderliegend, gewölbt.

Gangwerk: Der Rottweiler ist ein Traber. Der Rücken bleibt fest und relativ ruhig. Der Ablauf der Bewegung ist harmonisch, sicher, kraftvoll und ungehemmt, bei guter Schrittweite.

Haut

Kopfhaut: Liegt überall straff an und darf bei hoher Aufmerksamkeit leichte Stirnfalten bilden.

Haarkleid

Beschaffenheit: Bestehend aus Deckhaar und Unterwolle = Stockhaar. Deckhaar mittellang, derb, dicht und straff anliegend; die Unterwolle soll nicht aus dem Deckhaar hervortreten. An den Hinterläufen ist die Behaarung etwas länger.

Farbe: Schwarz mit gut abgegrenzten Abzeichen (Brand) von satter, rotbrauner Färbung an Backen, Fang, Halsunterseite, Brust und Läufen sowie über den Augen und unter der Rutenwurzel.

Größe und Gewicht

Widerristhöhe Rüde 61 bis 68 cm.
61 bis 62 cm klein
63 bis 64 cm mittelgroß
65 bis 66 cm groß = richtige Höhe
67 bis 68 cm sehr groß

Gewicht ca. 50 kg

Widerristhöhe Hündin: 56 bis 63 cm.

                         56 bis 57 cm klein

                         58 bis 59 cm mittelgroß

                         60 bis 61 cm groß = richtige Höhe

                         62 bis 63 cm sehr groß

Gewicht ca. 42 kg

Fehler

Jede Abweichung von den vorgenannten Punkten muss als Fehler angesehen werden, dessen Bewertung in genauem Verhältnis zum Grad der Abweichung stehen sollte.

Gesamtbild:	Leichte, windige, hochläufige Gesamterscheinung, schwache Knochen und Muskeln.
Kopf:	Jagdhundkopf, schmaler, leichter, zu kurzer, langer, plumper Kopf, flache Stirnpartie (fehlender oder zu geringer Stop).
Schnauze:	Langer oder spitzer Fang, Spaltnase, Rammnase (konvexer) oder eingesunkener (konkaver) Nasenrücken; abfallender Nasenrücken (Adlernase); helle oder gefleckte Nasenkuppe.
Lefzen:	Offene, rosafarbene oder fleckige Lefzen, offener Lefzenwinkel.
Kiefer:	Schmaler Unterkiefer.
Backen:	Stark hervortretende Backen.
Gebiss:	Zangengebiss
Ohren:	Zu tief angesetzte, schwere, lange, schlappe, zurückgeklappte sowie abstehende und ungleichmäßig getragene Ohren.
Augen:	Helle, tiefliegende, zu volle sowie runde Augen, schlaffe Augenlider.
Hals:	Zu langer, dünner, schwach bemuskelter Hals, Wamme oder zu lose Kehlhaut.
Körper:	Zu lang, zu kurz, schmal.
Rücken:	Zu langer, schwacher oder eingesenkter Rücken, Karpfenrücken.
Kruppe:	Abschüssige Kruppe, zu kurz, zu gerade oder zu lang.
Brust:	Flachgerippter Brustkorb, tonnenförmige Brust, Schnürbrust.
Rute:	Zu hoch oder zu tief angesetzte Rute.
Vordergliedmaßen:	Eng gestellte oder nicht gerade Vorderläufe. Steile Schulter, fehlender oder mangelnder Ellbogenanschluss, zu langer, zu kurzer oder steiler Oberarm,

weicher oder steiler Vordermittelfuß, Spreizpfoten, zu flache oder zu stark gewölbte Zehen, verkümmerte Zehen, helle Nägel.

Hinterglied-maßen:	Flachschenkelige, hackenenge, kuhhessige oder fassbeinige Läufe, zu eng oder zu weit gewinkelte Gelenke, Afterkrallen.
Haut:	Kopfhaut faltig.
Haare:	Weiches, zu kurzes oder langes Haar, Wellhaar, Fehlen der Unterwolle.
Farbe:	Missfarbene, unklar abgegrenzte, zu ausgedehnte Abzeichen.

Disqualifizierende Fehler

Allgemeines:	Betonte Umkehrung des Geschlechtsgepräges (Hündinnentyp bei Rüden und umgekehrt).
Verhalten:	Ängstliche, scheue, feige, schussscheue, bösartige, übertrieben misstrauische, nervöse Tiere.
Augen:	Entropium, Ektropium, gelbe Augen, verschiedenfarbige Augen.
Gebiss:	Vorbiss, Rückbiss, Kreuzbiss. Hunde mit fehlendem Incisivus (Schneidezahn), Caninus (Eckzahn), Prämolar oder Molar (Backenzähne).
Haare:	Ausgesprochen lang- und wellhaarige Tiere.
Haarfarbe:	Farbe des Haarkleides abweichend von den für den Rottweiler standardgemäßen Farben schwarz mit braunen Abzeichen sind weiße Flecken.
N.B.:	Rüden müssen zwei offensichtlich normal entwickelte Hoden aufweisen, die sich vollständig im Hodensack befinden.

Rassestandard
F.C.I.-Standard Nr. 147/16.01.1996/D
Rottweiler: Ursprungsland Deutschland
Verwendung: Begleit-, Schutz- und Gebrauchshund
Klassifikation FCI Gruppe II
(Schnauzer und Pinscher, Molosser und Schweizersennenhunde)
Sektion 2.1 Molosser, doggenartige Hunde

II. Der Welpenkauf

1. Wie und wo man einen Welpen kauft

Da sich die ersten Wochen und Monate prägend auf den Welpen auswirkt ist es enorm wichtig, einen guten und fähigen Züchter zu finden. Massenzucht und Hundehändler, die rein des Profits wegen einen Hund mit irgendwelchen Urkunden anbieten, scheiden von vorneherein aus.

Es ist außerordentlich wichtig, alle Entscheidungen vor dem Kauf gründlich zu überlegen. Denken Sie daran, dass ein gesunder Rottweiler durchaus ein Alter von 10 und mehr Jahren erreichen kann und Sie bestimmt gerne mit einem richtig sozialisierten Hund durchs Leben gehen möchten.

Treffen Sie schon einmal eine gewisse qualitative Vorauswahl und kontaktieren Sie nur Züchter, die dem VDH angeschlossen sind. An diese Züchter werden sehr strenge Anforderungen an die Muttertiere, an die Umgebung, aber auch an das Fachwissen gestellt. Einen Zwingerschutz erhält man nur nach umfangreichen Prüfungen von Hund und Mensch! Lassen Sie sich eine Züchterliste zusenden und kontaktieren Sie verschiedene Züchter.

Meist wird nun nach geographischen Gesichtspunkten ein Züchter in der näheren Umgebung herausgesucht. Seien Sie sich bewusst, dass bestimmt genau bei diesem Züchter gerade keine Welpen im Haus sind. Machen Sie sich darauf gefasst, dass der Kauf eines guten Rottweilers ein langwieriger Prozess sein kann. Suchen Sie sich verschiedene Züchter heraus, die in den nächsten 3-12 Monaten Welpen erwarten und noch nicht alle Welpen anderen Käufern versprochen haben. Vereinbaren Sie mit allen in Frage kommenden Züchtern einen Besuchstermin, um vergleichen zu können. Denken Sie mal darüber nach: Ein neues Auto wird auch nicht beim erstbesten Händler gekauft. Da es eine Anschaffung für mehrere Jahre ist, werden schon mal verschiedene, auch weiter entfernte Händler aufgesucht.

Doch machen Sie nicht den Fehler, bei verschiedenen Züchtern womöglich um den Verkaufspreis zu feilschen: Zum einen handelt es sich nicht um einen Gegenstand, den man mal so eben mit Rabatt mitnimmt. Zum anderen haben sich die Züchter den mehr als angemessenen Verkaufspreis für ihre verantwortungs- und mühevolle Tätigkeit mehr als verdient.

Eine gute Möglichkeit der Kontaktaufnahme bietet sich auch beim Besuch einer der vielen von den Hundevereinen durchgeführten Ausstellungen. Hier können Sie viele Züchter und deren Zuchttiere und mit etwas Glück auch Tiere der Vorwürfe betrachten und vergleichen.

2. Der erste Besuch bei einem Züchter

LASSEN SIE SICH ZEIT! Kein seriöser Züchter wird auf die Uhr schauen, wenn Sie das erste Mal zum kennen lernen da sind. Im Gegenteil, jeder verantwortungsvolle Züchter wird sich über Ihre Neugierde und viele Fragen freuen. Seien Sie im Gegenzug darauf gefasst, dass ein Züchter von hoher Integrität Sie mit einer Unmenge von persönlichen Fragen löchern wird, da es ihm sehr wichtig ist, wohin seine Welpen kommen sollen.

Schauen Sie sich die Hunde des Züchters genau an. Sind sie freundlich und offen, schreckhaft oder bellen dauernd? Lassen sie sich anfassen und streicheln? Macht die Zuchthündin einen ruhigen und ausgeglichenen Eindruck? Leben die Hunde mit den Menschen im Haus oder müssen die Hunde in einem Zwinger leben (Eine Zwingerhaltung ist auch für einen Rottweiler meiner Meinung nach nicht unbedingt eine artgerechte Haltung und sollte nicht in Frage kommen). Ist die Zuchthündin gesund und „HD-Frei"? Wie sieht es mit dem vorgesehenen Deckrüden aus bzw. wer war der Deckrüde?

Lassen Sie sich erklären, wie die Phase der Welpenaufzucht abläuft. Wo wird die Wurfkiste stehen? Wird die Wurfstätte im Haus an einem hellen Platz sein? Werden die Welpen eine Möglichkeit zum Auslauf im Garten haben? Arbeiten die Züchter womöglich ganztags? Haben die Züchter während der Welpenaufzucht (mind. 8 Wochen) genügend Zeit dafür? Haben die Züchter Erfahrung mit vergangenen Würfen?

Gerne wird der Züchter nach dem Austausch der ersten wichtigen Fragen und Antworten mit Ihnen einen gemeinsamen Spaziergang machen. Beobachten Sie die Hunde des Züchters dabei genau: Sind es ausgeglichene und selbstsichere Hunde, die sich gleichgültig äußeren Geräuschkulissen gegenüber verhalten und sich aufgeschlossen und freundlich anderen Spaziergängern nähern? Wie läuft der Kontakt mit anderen Hunden ab?

Nach diesem ersten kennen lernen werden Sie vielleicht noch andere Züchter besuchen und sich dann irgendwann für Ihren Favoriten entscheiden. Wenn dann Ihr gewählter Wunschzüchter mit Ihnen als Welpenkäufer einverstanden ist, steht dem Abschluss eines Kaufvertrages beim nächsten Treffen, vielleicht auch bei Ihnen zu Hause (wenn der Züchter Ihre häusliche Umgebung sehen möchte), nichts entgegen.

Da diese ersten Besuche oft weit vor dem geplanten Decktermin stattfinden, wird noch eine ganze Zeit ins Land gehen, bis der kleine Welpe endlich bei Ihnen sein wird. Die Trächtigkeit dauert ungefähr 63 Tage. Danach verbleiben die Welpen noch 8 Wochen bei ihrer Mutter und dem Züchter, bis dann der optimale Abgabetermin erreicht ist.

3. Der Kaufvertrag

Da der Kauf eines Welpen ein normales Rechtsgeschäft ist, sollte die Abwicklung grundsätzlich in einem schriftlichen Kaufvertrag fixiert werden. Im Vertrag sollte neben dem Namen von Käufer, Verkäufer und Hund (der Name des Welpen beginnt immer mit dem Anfangsbuchstaben der Anzahl der Würfe des Züchters, das heißt alle Welpennamen des 1. Wurfes beginnen mit A, alle des 4. Wurfes mit D usw.. Vereinbaren Sie mit dem Züchter, dass Sie sich einen Namen aussuchen werden, da ihn sonst der Züchter selbst festlegen wird) samt Zuchtbuchnummer und Wurftag auch vermerkt sein, dass der Welpe gesund, entwurmt und geimpft abgegeben wird. Der Kaufpreis, die Zahlungsbedingungen und die Übergabemodalitäten werden natürlich ebenso aufgeführt. Viele Züchter verlangen eine Anzahlung (etwa 1/3 des Kaufpreises). Diese Anzahlung werden Sie vermutlich nicht zurückbekommen, wenn Sie sich die ganze Sache noch einmal überlegen und den Welpen auf einmal nicht mehr haben möchten. Es dient alleine zum Schutz des Züchters; stellen Sie sich die Probleme vor, wenn ein Käufer ein paar Tage vor dem Abgabetermin vom Kaufvertrag zurücktritt und der optimale Abgabetermin bevorsteht. Jetzt muss der Züchter alle Hebel in Bewegung setzen, um schnellstmöglich einen Ersatzkäufer zu finden, um den eminent wichtigen optimalen Sozialisierungszeitpunkt nicht zu verpassen.

Hündin oder Rüde?

Möchten Sie später einmal züchten kommt natürlich nur eine Hündin in Frage. Ansonsten gilt es nur die Vor- und Nachteile abzuwägen, die beide Geschlechter haben.

Rüden benötigen im allgemeinen von Anfang an eine sehr konsequente Erziehung. Sie versuchen oft, die Oberhand zu gewinnen. Doch auch selbstbewusste Rüden ordnen sich bei richtiger Erziehung gerne unter, das heißt sie müssen immer wissen, wer der Chef ist. Lästig können bei selbstbewussten Rüden die Spaziergänge werden, wenn der Hund seinen Blaseninhalt auf sehr viele kleine Portionen verteilt und jeden Strauch markiert, sodass ein zügiges Weiterkommen unter Umständen behindert wird.

Zudem sind Rüden natürlich das ganze Jahr heiß und bekommen dann den ganzen Frust ihrer Sexualität zu spüren:

Wo gibt es schon freilaufende Hunde, und welcher Hündinnenbesitzer ist begeistert, wenn seine Hündin gerade besprungen wird?

Hündinnen sind oftmals anhänglicher und etwas leichter zu erziehen, wobei es natürlich auch sehr dominante Hündinnen gibt. Ihr Urin geben sie normalerweise nicht Tröpfchenweise ab wie die Rüden, sondern lösen sich meist auf einmal. Jährlich zweimal heißt es dann aufpassen: Zumeist im Frühjahr und Herbst werden die Hündinnen läufig. Die erste Hitze kommt zwischen dem 6. und 12. Monat, manchmal auch später, und dauert in der Regel 14- 21 Tage. In dieser Zeit ist es ratsam, die Hündin nur angeleint auf die notwendigen Spazier- gänge mitzunehmen und möglichst Rüden aus dem Weg zu gehen. Diese Einschränkung haben Sie aber nur zweimal im Jahr, als Rüdenbesitzer müssen Sie das ganze Jahr auf der Hut sein.

So fährt Ihr Hund sicher im Auto

Um Verletzungen an Hund und Mensch zu vermeiden sollen Hunde nur gesichert im Auto mitfahren, denn schon eine leichte Kollision lässt Ihren besten Freund als Flugobjekt durch das Wageninnere schleudern.

Welpen und kleinere Hunde fahren am sichersten im vorderen Fußraum des Beifahrers mit, sofern keine andere Sicherungsmöglichkeit besteht. Auf keinen Fall gehört ein Hund auf den Beifahrersitz, denn bei einem Unfall kann der Hund die Windschutz- scheibe durchbrechen, wenn er nicht zuvor vom Airbag erschlagen wurde. Nach aktueller Rechtssprechung können Sie Ihren Versicherungsschutz verlieren, da die Gerichte davon ausgehen, dass ein vorne sitzender Hund den Fahrer zu stark vom Verkehr ablenkt.

In normalen Limousinen kann der Hund sicher auf der Rücksitzbank mitreisen, wenn er an einem Brustgeschirr mit dem Sicherheitsgurtsystem der Rücksitzbank verbunden ist. Wenn es zum Frontalaufprall kommen sollte ist damit ausgeschlossen, dass der Vierbeiner durch die Fahrgastzelle geschleudert wird.

Wenn Sie einen Kombi oder einen Geländewagen besitzen montieren Sie am besten spezielle Transportboxen im Heck, die fest mit dem Fahrzeug verbunden sind, denn sonst wird das ganze Paket im Falle eines Falles durch den Wagen geschleudert.

Gönnen Sie Sich und Ihrem Vierbeiner eine Klimaanlage: 30 Grad sind für die Hunde sehr viel schwieriger zu ertragen als für den Menschen! Zugluft durch offene Fenster kann empfindliche Augenentzündungen auslösen.

4. Das lange Warten

Sobald die Welpen geboren sind, wird Sie Ihr Züchter bestimmt schnell informieren. Da der optimale Abgabetermin zwischen der 6. und 8. Woche liegt (in Deutschland ist eine Abgabe erst mit der 8. Woche möglich) werden Ihnen die nächsten zwei Monate wie ein halbes Jahr vorkommen. Die Freude ist so groß und die Zeit will einfach nicht vergehen.

Wenn die kleine Rasselbande mit etwa 3 Wochen ihre Augen öffnet können Sie einen weiteren Besuchstermin mit Ihrem Züchter vereinbaren. Den Anblick der meist sechs bis neun, manchmal auch bis zu 12 Hundebabys werden Sie bestimmt nie vergessen.

Nun können Sie die Zeit mit weiteren Aktivitäten rund um Ihren zukünftigen Liebling verkürzen. Gehen Sie auf eine Einkaufstour und besorgen Sie sich einen Futter- und einen Wassernapf, am besten mit höhenverstellbaren Ständern. Ein Rottweiler ist ein großer Hund, der am liebsten bequem stehend seine Nahrung zu sich nimmt. Sie benötigen verschiedene Hundedecken (möglichst mit abnehm- und waschbarem Überbezug) für das Auto und Ihre Wohnung.

Haben Sie sich schon einen Lagerplatz für Ihren Welpen überlegt? Es gibt dafür nur eine Möglichkeit: Direkt neben Ihrem Bett auf einer bequemen Matratze, etwa mit einer Schaumstofffüllung.

Vergessen Sie alle anderen Möglichkeiten wie Gang oder gar im Keller. Der Welpe hat schon genug mit der Trennung von seiner Mutter zu tun und wünscht sich nichts mehr als in Ruhe und Geborgenheit seinen Platz in absoluter Sicherheit neben seinem Herrchen zu haben.

Sollten Sie der Meinung sein, dass Ihr Hund nichts im Schlafzimmer zu suchen hat, so können Sie ihn problemlos zu einem späteren Zeitpunkt daran gewöhnen.

Oftmals suchen sich die Hunde später sowieso einen ruhigen Platz außerhalb des Schlafzimmers.

Ein größenverstellbares Halsband mit einer 1m-Leine werden Sie ebenfalls benötigen. Vielleicht haben Sie auch Glück und bekommen diese bei Abholung des Welpen, da einige Züchter bereits bei ihnen mit der Leinengewöhnung beginnen.

Futter müssen Sie wahrscheinlich nicht besorgen, da viele Züchter bei der Abgabe gleich einen Sack Welpenfutter mitgeben.

Wenn nicht, lassen Sie sich das Produkt nennen, mit dem die Welpen gefüttert werden, damit Sie sich das gleiche Futter besorgen können, damit eine Umgewöhnung entfällt.

Gehen Sie zum nächsten Babyausstatter und besorgen Sie sich für alle Wohnungstreppen, sofern vorhanden, Babysicherungen, vorzugsweise aus Metall mit einem Türchen. Die ersten 12 Monate ist das permanente Treppensteigen für einen Rottweiler absolut tabu. Wenn Sie den Welpen bei einem anerkannten Züchter kaufen sind die Chancen nicht allzu schlecht, einen HD-freien Welpen zu bekommen. Verschlechtern Sie diese Chance nicht unnötig: Treppensteigen ist für einen schnellwachsenden, großen Hund die beste Möglichkeit, eine Hüftgelenksdysplasie zu fördern. Wenn es nötig ist, dann tragen Sie bitte bis zum 12. Monat generell Ihren Welpen die Treppe rauf oder runter.

Der Abschluss einer Hundehaftpflichtversicherung ist dringend anzuraten. Auch wenn Ihr Welpe sich zu einem Musterhund entwickeln sollte, der nie etwas kaputt macht:

Stellen Sie sich mal vor, Ihr Hund sieht eine Katze, rennt über eine Straße und ein Tanklaster verunglückt. Wenn Sie keine Haftpflicht-Versicherung haben, ist das vermutlich der Beginn Ihres finanziellen Ruins. Zudem ist diese Versicherung nicht besonders teuer (ca.100 bis 160 Mark pro Jahr).

Schließen Sie die Versicherung ruhig jetzt schon ab und legen den Versicherungsbeginn auf den vereinbarten Welpenübergabetermin.

Ebenfalls notwendig ist die Meldung Ihres Hundes bei Ihrer Stadtverwaltung. Sie bekommen dann einen Hundesteuerbescheid, der aber in den meisten Städten erst mit Beginn des 3. oder 6. Lebensmonats beginnt. Die Höhe der Jahressteuer ist von Stadt zu Stadt unterschiedlich; an unserem Wohnort zahlen wir DM 180,-- für unseren Hund; jeder weitere Hund schlägt mit DM 360,-- zu Buche.

Können Sie Ihrem Hund genügend Lebensraum bieten?

Was sich jeder Hundeinteressent unbedingt vor dem Hundekauf fragen sollte:

❖ Ein Rottweiler kann 10 Jahre und älter werden. Ist es gewährleistet, dass ich über einen so langen Zeitraum für den Hund sorgen kann?

❖ Ist die ganze Familie vorbehaltlos mit der Anschaffung eines Rottweilers einverstanden?

❖ Ist eine artgerechte Unterbringung möglich? Auch ein Rottweiler sollte meiner Meinung nach im Haus bei seinem Rudel und nicht in einem Zwinger leben.

❖ Kann ich dem Hund genügend Auslauf und Bewegung bieten? Habe ich die Zeit, um mich insbesondere in den ersten Monaten genügend mit dem Welpen zu beschäftigen?

❖ Bin ich dazu bereit, in Zukunft meine Urlaube auf die Bedürfnisse meines Rottweilers abzustellen? Habe ich die Möglichkeit, den Hund in Ausnahmefällen bei einer geeigneten Vertrauensperson vorübergehend abzugeben?

❖ Kann ich meinen Beruf mit der verantwortungsvollen Haltung eines Hundes in Einklang bringen? Auch einen Rottweiler sollte man auf keinen Fall einen ganzen Arbeitstag alleine zu Hause lassen.

❖ Ist es mir erlaubt, in meiner Wohnung ein Haustier zu halten? Muss ich die Zustimmung vom Vermieter einholen, und wird er mir diese auch erteilen?

❖ Verfüge ich über genügend finanzielle Mittel, um für einen Hund aufzukommen? Mit dem Kaufpreis ist es nicht getan; neben dem täglichen Futter muss auch an Versicherungskosten und Steuer gedacht werden. Nicht zu vergessen sind die Tierarztrechnungen.

Und zum Schluss vielleicht das Allerwichtigste: Bemühen Sie sich um einen Platz in einer möglichst guten Welpenspielgruppe mit qualifizierten Spieltrainern. Alles, was Hunde bis zur 16. Woche lernen, ist praktisch für immer unauslöschlich in Ihrem Gedächtnis verankert.

Die frühe Trennung von ihrer Mutter und vor allem von ihren Geschwistern erfordert unbedingt ein Ersatzrudel, um das spielerische Erlernen unter Gleichgesinnten fortzusetzen. Isoliert aufwachsende Welpen, die bis zu ihrer 16. Woche keine Möglichkeit zum Spielen und Lernen mit anderen Welpen hatten und damit eine richtige Sozialisierung in ihrer lernfähigsten Zeit nicht erleben durften, werden später nie fähig sein, über einfachste Lernziele hinauszukommen. Das Selbstbewusstsein wächst in dieser Phase beim Spiel mit gleichaltrigen Hunden und beugt einem späteren ängstlichen und aggressiven Sozialverhalten vor. Es ist wirklich ungeheuer wichtig, dass Sie diese bedeutende Lebensphase des Welpen nicht „verschlafen". Ermöglichen Sie ihm die regelmäßige (wöchentliche) Teilnahme an den Welpenspieltagen.

Ich kann diese Welpenspieltage wirklich jedem empfehlen. Wir selbst hatten das Glück, dass eine auf diesem Gebiet sehr erfahrene und anerkannte Trainerin in unserer Stadt wohnt. Als Begründerin des *Welpen-Prägungsspieltage Lernspiel Concept Narewski*® veranstaltet sie jeden Sonntag 4-stündige Welpenprägungsspieltage, an denen Hunde aller Rassen von der 8. bis zur 16. Woche teilnehmen können. Sie sollten sich aber mit der Anmeldung beeilen, da die günstigen Kurse sehr beliebt und immer schnell ausgebucht sind.

Wer sich schon einmal umfangreich über dieses wichtige Thema informieren möchte, sollte sich unbedingt folgendes Buch im Fachhandel besorgen:

„Welpen brauchen Prägungsspieltage" von Ute Narewski, erschienen im Reutlinger Oertel + Spörer Verlag ISBN-Nummer 3-88627-215-X.

Welpen-Prägungsspieltage nach dem *Lernspiel-Concept Narewski*® sind ein äußerst effektives, behutsames Verfahren für die optimale Entwicklung Ihres Welpen zum Hund. An konkreten Beispielen erklärt die Autorin anschaulich, was der Welpe an diesen Tagen „spielend" lernt und bietet für alle bei der Welpenerziehung auftretenden Probleme kompetente und praxisnahe Lösungsmöglichkeiten an.

Adressen der zentralen Spieltrainer-Stützpunkte, die *Welpen-Prägungsspieltage nach dem Lernspiel-Concept Narewski*® anbieten (Stand: August 2000):

Ute Narewski
Brentanostr. 18
72770 Reutlingen
Tel. 07121 / 506200
Fax 07121 / 577461

Gudrun Schauz
Metterzimmerer Str. 147
74343 Sachsenheim
Tel. 07147 / 923188

Agnes Plum-Mihelic
Am Berge 8
21406 Melbeck
Tel. 04134 / 7478
Fax 04134 / 910092

Sibylle Vogler
Am Kanal 1
21775 Odisheim
Tel. 04756 / 675

Barbara Wimmer
Irisstr. 30
85591 Vaterstetten
Tel. 08106 / 302427

Sibylle Wagner
Haldenweg 1
87760 Lachen-Allgäu
Tel. 08331 / 88117

Karin Schniering
Herderstr. 28
57027 Siegen
Tel. 0271 / 51208

Sabine Grichter
Waldstr. 20
82256 Fürstenfeldbruck
Tel. 08141 / 91922

Elisabeth Friedli
Langenwilweg 51
CH – 3150 Schwarzenburg
Tel. 0041 / 31 7312582

www.welpen-praegungsspieltage.de

Ich habe ganz viele tolle Kumpels auf den **Welpenspieltagen** kennen gelernt. Gleich am nächsten Tag nach meiner Ankunft im neuen Reich ging es los und ich habe gleich mal die ganze Bande aufgemischt. Ich habe zwar nie verstanden, warum wir Hunde nach 2 Stunden herrlichem Spielens dann noch Übungen machen mussten, aber letztendlich kann man das dann doch in Kauf nehmen, zumal es ja bei der tollen Steh-Übung auf einer Kommode immer ganz tollen Käse gab. Ich habe mich immer schon die ganze Woche diebisch auf den nächsten Spieltag gefreut und war dann Sonntags nie zu halten, wenn wir auf dem Parkplatz der netten Hundetrainerin angekommen waren.

5. Die Qual der Wahl

Jetzt sind die Welpen ungefähr 6 Wochen alt und der richtige Zeitpunkt für die Auswahl Ihres zukünftigen Rottweilers ist gekommen. Sie haben sich natürlich schon früher auf eine Hündin oder einen Rüden festgelegt. Die Rangfolge der Auswahl bestimmt der Zeitpunkt des Kaufvertrages. Wer zuerst abgeschlossen hat, bekommt das Recht der 1. Wahl. Sollten Sie sich als letzter Interessent für einen Welpen entschlossen haben: Sie können sich die Qual der Wahl ersparen und brauchen Ihrem Züchter nur Ihren gewählten Hundenamen mitteilen.

Sollten sie also die Möglichkeit haben, unter verschiedenen Welpen auswählen zu dürfen, so nehmen Sie sich viel Zeit mit der Auswahl. Wir haben fast fünf Stunden dafür gebraucht, da alle Welpen so niedlich sind und es insbesondere für einen Ersthundebesitzer sehr schwer ist, überhaupt Unterschiede festzustellen.

Suchen Sie sich einen selbstbewussten Welpen aus, der fröhlich direkt auf Sie zukommt und sich gerne streicheln lässt. Beobachten Sie die Welpen beim Spielen und meiden Sie ängstliche und verschreckte Hunde, auch wenn Sie noch so goldig aussehen. Welpen, die beim geringsten Anlass oder Geräusch zu zittern beginnen, ihre Rute eng unter den Bauch klemmen und weglaufen, sollten Sie unbedingt meiden.

Wählen Sie einen temperamentvollen und selbstbewussten Hund, der sich nichts von seinen Geschwistern gefallen lässt. Auch wenn er Ihnen vielleicht etwas wild erscheint: Dies ist ein Hund, den man später richtig gut ausbilden kann und an dem Sie viel Freude haben werden. Temperament zurücknehmen kann man immer, welches hinzutun geht niemals.

Sollten Sie später einmal züchten wollen und/oder an Ausstellungen teilnehmen, achten Sie auf den Standard des Rottweilers. Achten Sie auf eine gute Gesamtpigmentierung im Gesicht, an den Fußballen und an den Krallen. Ansonsten sollte der Welpe natürlich einen gesunden und kräftigen Eindruck machen. Erzählen Sie offen Ihrem Züchter, was Sie später einmal mit Ihrem Hund vorhaben – er wird Ihnen sicherlich mit fachlichem Rat zur Seite stehen und Ihnen bei der Auswahl behilflich sein.

Was sich ein Rottweiler von Ihnen wünscht:

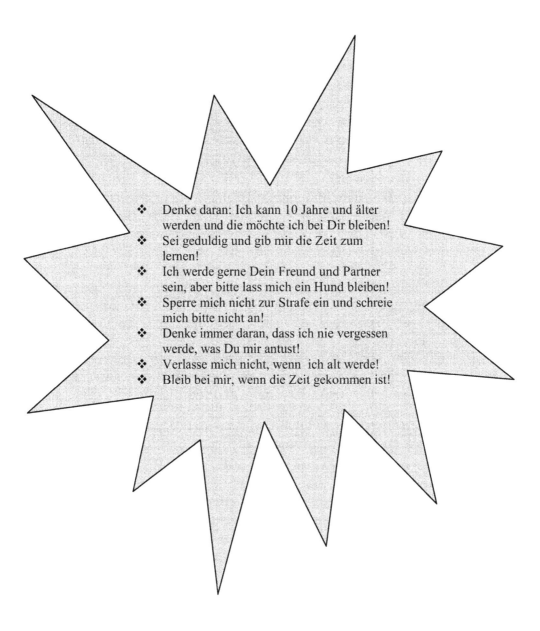

❖ Denke daran: Ich kann 10 Jahre und älter werden und die möchte ich bei Dir bleiben!

❖ Sei geduldig und gib mir die Zeit zum lernen!

❖ Ich werde gerne Dein Freund und Partner sein, aber bitte lass mich ein Hund bleiben!

❖ Sperre mich nicht zur Strafe ein und schreie mich bitte nicht an!

❖ Denke immer daran, dass ich nie vergessen werde, was Du mir antust!

❖ Verlasse mich nicht, wenn ich alt werde!

❖ Bleib bei mir, wenn die Zeit gekommen ist!

6. *Der große Tag: Die Übernahme des Welpen*

Zumeist wird eine längere Autofahrt bevorstehen, da der Züchter nicht gleich um die Ecke wohnen wird. Legen Sie die Hundedecke auf die Rücksitzbank (der Welpe soll auf seiner ersten Autofahrt auf keinen Fall im Kofferraum eines Kombis mitfahren) und denken Sie an ein paar alte Handtücher und Küchenpapierrollen, falls sich der Kleine beim Autofahren übergeben muss oder vor lauter Aufregung ein Bächlein fließen sollte. Auch den besorgten Wassernapf und frisches Wasser sollten Sie dabei haben, falls Sie auf der Heimfahrt von einem Stau überrascht werden sollten. Ein zuvor besorgtes Spielzeug nehmen Sie ebenfalls mit. Dies sollte ein Gegenstand sein, den Ihr Welpe zukünftig immer behalten darf und nie weggenommen bekommt. Wir hatten uns damals für einen Teddy entschieden. Bis zum heutigen Tag hat der Teddy alle anderen Spielsachen überlebt. Unsere Hündin Desha hat ihn immer als ihren Kamerad und nötigenfalls „Untergebenen" betrachtet und sorgsam behandelt, ohne den sie auch nicht dazu zu bewegen war, ihren Schlafplatz aufzusuchen. „Teddy" ist für sie schlichtweg ein Rudelmitglied.

Am besten vereinbaren Sie einen Abholtermin am frühen Morgen. Sie können dann den nüchternen Welpen auf seine große erste Reise mitnehmen und haben zu Hause noch genügend Zeit für eine erste Eingewöhnung. Wenn Sie erst am späten Abend nach Hause kommen und der Welpe kaum Zeit für eine erste Erkundungstour hat, wird die Aufregung noch größer sein.

Sie werden von Ihrem Züchter neben dem Impfpass auch genaue Futteranweisungen bekommen, die Sie genauestens befolgen sollten (siehe Seite 42 / Ernährung).

Die Ahnentafel ist wahrscheinlich zu diesem Zeitpunkt noch nicht verfügbar, da die Welpen erst mit der 7. Woche ihre Tätowierung ins Ohr bekommen und die Papiere erst noch vom Zuchtwart erstellt werden müssen.

Auf der Heimfahrt ist es vorteilhaft, wenn der Welpe gemeinsam mit der zukünftigen Hauptbezugsperson auf der Rücksitzbank Platz nimmt. Nehmen Sie den Welpen vorsichtig in den Schoß, geben ihm seinen Teddy und lassen Sie sich von Ihrem Ehepartner oder Freund fahren. Der Welpe nimmt auf dieser zumeist langen Autofahrt Ihren Geruch wahr und gewöhnt sich gleich an Sie als neuen Beschützer. Lassen Sie sich diese Chance nicht entgehen und bemitleiden Sie den Welpen auf keinen Fall, wenn er unterwegs zu jammern beginnt, da Sie ihn sonst nur noch in seiner Angst bestärken würden. Seien Sie so gleichgültig wie möglich und verhalten Sie sich genauso wie sonst auch im Auto.

Sollten Sie eine längere Fahrt unternehmen müssen denken Sie bitte daran, spätestens alle zwei Stunden anzuhalten, da Welpen ihren Urin nicht länger halten können. Passiert das Missgeschick im Auto reagieren Sie gelassen und ruhig, denn Sie haben ja genügend alte Handtücher und Papiertücher im Wagen. Obwohl Rottweiler in der Regel sehr gerne mit dem Auto spazieren fahren, kann es natürlich bei dieser ersten Autofahrt passieren, dass sich Ihr Welpe erbrechen muss. Hierbei gilt das Gleiche wie beim Bächlein oder gar beim großen Geschäft: Ruhe bewahren und wegwischen, all das ist völlig normal und nicht besorgniserregend.

Wenn es sehr warm ist geben Sie Ihrem Welpen regelmäßig frisches Wasser. Futter jeglicher Art bekommt er auf jeden Fall erst bei der Ankunft, egal wie lange die Reise dauert.

7. Der erste Tag, die erste Nacht

Sie sind hoffentlich gut zu Hause angekommen. Lassen Sie jetzt als erstes Ihren Welpen den Garten erkunden. Vermutlich wird er auch gleich sein Geschäft machen, sodass Sie gleich Gelegenheit haben, ihn ausgiebig dafür zu loben, wenn er fertig ist. Zukünftig sagen Sie „Pieseln", „Mach schnell" oder was auch immer für ein Zauberwort, sobald er entsprechende Anstalten macht, egal ob großes oder kleines Geschäft und wiederholen dies während seiner Geschäftsausführung. Danach wird der Kleine wieder ausgiebig gelobt. Zukünftig hat das zur Folge, dass Sie Ihren Hund an einem geeigneten Platz in der Stadt zur Ausführung seines Geschäfts bringen können, sobald er den Befehl gelernt hat. Sie haben die Kindersicherungen an den Treppen angebracht und lassen den Welpen jetzt in Ruhe das ganze Haus erkunden. Bleiben Sie dabei ruhig in seiner Nähe und beobachten ihn. Bitte denken Sie immer daran: Ihr Welpe ist ein Baby, auch wenn er noch so kräftig wirkt und durch die Gegend tobt. Das Wichtigste ist das Aufbauen einer Vertrauensbeziehung zu Ihnen.

Schauen Sie auf den Futterplan, den Sie vom Züchter bekommen haben. Wenn es Zeit ist, bereiten Sie die Mahlzeit in seinem Napf zu. Schütteln Sie dann kräftig mit der Futterdose, rufen freundlich „KOMM" und stellen ihm den Napf an seinen Fressplatz. Wiederholen Sie das Kommando „KOMM" während der Welpe frisst. Lassen Sie ihn jetzt in Ruhe, einen Hund stört man nicht beim Fressen.

Stubenreinheit. Oh je, was wurde daraus nicht für ein Gedöns gemacht. Dabei fand ich das alles dann doch übertrieben – bis auf ein paar Kleinigkeiten war ich doch bezüglich der Stubenreinheit eigentlich ein Musterwelpe. Dass ich mein Geschäft nicht im oberen Stock machen soll hatte ich ja gleich begriffen. Und dass der große Garten zukünftig meine große Toilette sein durfte war ja auch nicht schwierig zu verstehen, schließlich zählen die Rottweiler zu einer der intelligenteren Spezies. Leider hatte ich mit einem kleinen Problem zu kämpfen: Als ich geboren wurde stand die Wurfkiste meiner Mutter in einem ganz tollen hellen Raum mit schönen hellen Platten – und kein Mensch hat sich aufgeregt, wenn dann das Bächlein floss. Und nun sah es im Wohnzimmer meines neuen Heimes ähnlich aus, sodass ich nichts Schlimmes dabei fand, vom Garten auf dem schnellsten Weg ins Wohnzimmer zu laufen, um ein prima Bächlein abzusetzen. Na ja, irgendwann habe ich das dann kapiert und bin dann gleich im Garten geblieben. Das große Geschäft habe ich übrigens kein einziges Mal an falschem Ort gemacht. Obwohl, ein Mal war es dann doch, aber eigentlich zählt das gar nicht: Eigentlich war ich da schon Stubenrein, doch ich hatte mich so über mein Herrchen geärgert, dass ich nicht mehr anders konnte und so habe ich meinen Haufen genau vor meinem Herrchen mitten ins Wohnzimmer gesetzt. Nun, die Reaktion war nicht so toll und ich habe es vorgezogen, es bei diesem einen Mal zu belassen.

Bringen Sie den Welpen grundsätzlich 15 Minuten nach jeder Mahlzeit und sowieso alle 90 Minuten ins Freie, damit er sich lösen kann.

Hat Ihr Züchter noch nicht mit der Halsbandgewöhnung begonnen, beginnen Sie damit unmittelbar vor jedem Fressen. Legen Sie ihm das Halsband um, lassen die Leine einfach dranhängen und rufen sie ihn zum Fressen. So verbindet er gleich das Tragen der Leine mit etwas angenehmen, nämlich mit dem Fressen.

Gehen Sie so spät wie möglich ins Bett und bringen ihren kleinen Welpen kurz davor noch einmal ins Freie. Der Schlafplatz ist natürlich neben Ihrem Bett. Legen Sie seinen Teddy auf sein Lager und versuchen Sie zu schlafen. Der Welpe kann natürlich noch nicht die ganze Nacht durchhalten, doch Sie können vermutlich vor lauter Aufregung sowieso kein Auge zumachen und springen dann eben bei den ersten Anzeichen aus dem Bett, um mit Ihrem Welpen Gassi zu gehen. Der ganze Vorgang muss natürlich schnell vonstatten gehen. Wenn es draußen nicht gleich klappt, seien Sie geduldig und loben ihn nach erfolgreichem Geschäft.

Sollte ein Missgeschick in der Wohnung passiert sein so wischen Sie die Bescherung in Abwesenheit (wenn Sie das Malheure in seinem Beisein entfernen denkt der Welpe, dass alles genau richtig war, denn zuvor hat seine Mutter immer das Putzen besorgt) des Welpen weg und sprühen die Stelle mit einem Anti-Geruchsspray ein. Sobald Ihr Welpe an Halsband und Leine gewöhnt ist können Sie ihn nachts auch an Ihrem Bett festbinden. Da ein Hund niemals sein Lager beschmutzen würde können Sie sicher sein, dass er sich nachts bei Ihnen bemerkbar machen wird, wenn er mal raus muss.

Der nächste Tag steht hoffentlich ganz im Zeichen Ihrer ersten Welpenspielteilnahme, denn dieser ist der absolut optimale Zeitpunkt für die erste Teilnahme. Zum einen werden Sie dort als Hundeführer eine Menge Neuigkeiten zu Ihrer neuen „Tätigkeit" erfahren, zum anderen braucht Ihr Welpe das spielerische Lernprägen gerade jetzt. Mit der Trennung von den Wurfgeschwistern stehen Sie und ihr Welpe vor der Aufgabe der richtigen Eingewöhnung. Für den Welpen bedeutet dies eine psychische Belastung und ein Treffen mit anderen Welpen in dieser Phase hilft dem Kleinen sehr, den Trennungsschmerz schneller zu überwinden. Ihrem Welpen wird es so gefallen (und Ihnen hoffentlich auch), dass er Woche für Woche gern zu seinen Spielkameraden gehen wird.

Ich liebe das **Autofahren.** Vom ersten Tag an fühlte ich mich beim Autofahren sauwohl und musste mich auch nie übergeben und hatte auch nie Angst. Warum auch, zum einen kann ich so immer bei Herrchen oder Frauchen dabei sein und zum anderen folgen der Autofahrt immer tolle Spaziergänge oder Besuche bei Bekannten. Und wenn es draußen nichts zu beobachten gibt nütze ich die Gelegenheit immer zu einem Schläfchen – eine wunderbare Sache, denn wenn wir dann zum Beispiel von der Schwäbischen Alb mit dem tollen Schnee wieder heimfahren bin ich zu Hause schon wieder ausgeruht und kann mich dann mit neuen Kräften sofort wieder meinem ungeheuren Spieltrieb und meinem Herrchen widmen.

III. Die ersten Schritte

1. Tierarzt

Obwohl die Rottweiler in der Regel gesunde und sehr robuste Hunde sind, wird Ihnen der eine oder andere Gang zum Tierarzt nicht erspart bleiben.

Mit einem Rottweiler werden Sie einen treuen Kameraden gewinnen, der viele Jahre mit Ihnen gemeinsam durchs Leben gehen wird. Diese Freundschaft trägt aber auch eine große Verantwortung mit sich. Sie sind die Person, die sich um das tägliche Futter und vor allem auch um die Gesundheit kümmert. Dazu gehören auch die jährlich zu wiederholenden Schutzimpfungen gegen für Hunde gefährliche Krankheiten.

Viele Hunde haben eine große Angst vor dem Tierarztbesuch. Lassen Sie es erst gar nicht dazu kommen. Obwohl Ihr erster Regelbesuch erst in vier Wochen (12. Lebenswoche des Welpen) zur Nachimpfung sein wird, sollten Sie schon jetzt einen Termin bei Ihrem Tierarzt vereinbaren. Dieser Termin dient ausschließlich dem gegenseitigen kennen lernen. Ihr Hund darf schon einmal auf dem Untersuchungstisch Platz nehmen und bekommt einige wunderbare Leckerlis oder Saitenwürstchen vom Onkel Doktor. Beim nächsten „richtigen" Besuch wird Ihr Welpe schon mit Begeisterung die Praxis stürmen und nur so darauf brennen endlich die geliebten Leckerlis zu bekommen. Sie werden sehen, er wird die Impfspritzen gar nicht spüren und zukünftig gerne wieder kommen.

Gegen folgende Krankheiten können Sie Ihren Rottweiler impfen lassen:

Staupe: Die Staupe ist eine hochansteckende Viruserkrankung. Infizierte Tiere scheiden die Viren mit ihren Körperflüssigkeiten aus und stecken damit andere Hunde an. Binnen sieben Tagen bekommen die Hunde Fieber; danach bricht die eigentliche Krankheit mit folgenden Symptomen aus: Lähmungen, Bewegungsstörungen, Gleichgewichtsstörungen, schwerer Durchfall, Husten bis hin zur Lungenentzündung. Die Schwere der Erkrankung ist oft sehr unterschiedlich und kann bleibende Schäden (Zähne, Fußballen etc.) hinterlassen und in schweren Fällen auch tödlich enden. Die Impfung sollte alle 1 – 2 Jahre erfolgen.

Hepatitis: Die Hepatitis ist eine durch Viren verursachte Leberentzündung. Die Infizierung erfolgt meist durch Hunden über Urin, Kot und Speichel. Wenige Tage nach der Infizierung treten folgende Symptome auf: Müdigkeit, starker Durst, Appetitlosigkeit, Bauchschmerzen mit einem aufgekrümmten Rücken. Auch Erbrechen, Durchfall und eine Bindehautentzündung sind häufige Symptome, begleitet von gelegentlichen Krämpfen. Bei Welpen verläuft die Krankheit meist tödlich; je älter das Tiers ist, desto schwächer zeigt sich der Krankheitsverlauf. Eine Impfung sollte alle 1 – 2 Jahre erfolgen.

Parvovirose: Die auch Katzenseuche genannte Parvovirose ist eine sehr ernstzunehmende Viruserkrankung. Die Parvoviren befallen vor allem Dünndarm; befallene Zellen werden zerstört mit der Folge von schwerem, blutigen Durchfall, oftmals begleitet mit Erbrechen. Bei jungen Welpen in den ersten beiden Lebenswochen werden eher die Herzzellen angegriffen, mit zumeist tödlichen Folgen. Eine Ansteckung kann sowohl über andere Hunde erfolgen als auch einfach durch eine infizierte Umgebung, da die Parvoviren auch jahrelang in der Umgebung überleben können. Eine Impfung sollte jährlich erfolgen.

Parainfluenza: Der Virus löst eine Influenzaähnliche Erkrankung aus. Die Viren setzen sich in den Luftwegen der Hunde fest mit der Folge von trockenem und starken Husten, der manchmal wie Bellen klingt und zum großen Bereich des sogenannten Zwingerhustens gehört. Der Zwingerhusten ist eine Erkrankung, die durch verschiedene Viren und Bakterien ausgelöst wird. Eine Infizierung erfolgt meist auf stark frequentierten Plätzen (Hundeplatz, Hundepensionen etc.). Hunde, die häufig Kontakt zu anderen Artgenossen haben, sollten jährlich geimpft werden.

Eins kann ich Euch sagen: Passt bloß auf die **Ringe** der Menschen auf, denn es kann eine sehr schmerzvolle Erfahrung sein. Mein bester Freund Dirk, den ich schon seit meinem ersten Tag im neuen Heim kenne und mit dem man so richtig toll rumtoben kann (klasse – keine Befehle, Übungen und Nein's von Herrchen; wenn Dirk mich besucht, ist nichts als Spielen angesagt), trägt normalerweise auch einen Ring. Nun, im zarten Alter von 14 Wochen veranstalten Herrchen und Frauchen eine Gartenparty, die dann aber mit ziemlich traurigen Gästen begann. Ich begrüßte Dirk wie immer überschwänglich am Gartentor, um dann sofort mein Lieblingsseil anzubieten. Beim Kampf um das Seil passierte dann das Unglück: Dirk hatte vergessen, seinen Ring abzulegen und ich hakte mit meinem Schneidezahn ein. Danach gab es ein lautes Geschrei von mir und dazu noch viel Blut: Der Milchzahn steckte im 90-Grad-Winkel heraus und schmerzte fürchterlich. Ich bin dann erst einmal in eine ruhige Ecke im Garten gelaufen und habe mir dann den Zahn mit meiner Pfote wieder in die richtige Position geschlagen. Wir sind dann gleich zum Tierarzt gefahren und mussten dann für den nächsten Tag einen Operationstermin verabreden, da ich natürlich wie immer meinen Napf restlos geleert hatte und auch bei uns Hunden eine Narkose nur bei nüchternem Zustand gemacht werden sollte. Na ja, die Operation habe ich dann ganz gut überstanden. Immerhin war der Kiefer soweit eingerissen, dass man ihn nach oben klappen konnte. Den Zahn hat Herrchen als Erinnerung behalten; mittlerweile habe ich zum Glück auch den richtigen Schneidezahn bekommen.
Also, liebe Menschen, denkt bitte daran: Wenn mit Hundewelpen getobt wird, gibt es nur eines: Keine Ketten und keine Ringe tragen!

Leptospirose: Die Leptospirose ist eine bakterielle Erkrankung. Eine Infizierung erfolgt über den Urin anderer Hunde oder über Ratten an Seen und feuchten Böden und kann zu Nieren- und Leberschäden führen. Angesteckte Tiere können jahrelang ab und zu Leptospiren über den Urin abgeben. Diese Viren können andere Tiere und Menschen befallen. Die Impfung gegen Leptospirose ist besonders wichtig und muss jährlich wiederholt werden.

Tollwut: Die Tollwut gefährdet nicht nur alle Säugetiere und Vögel, sondern auch die Menschen. Die Übertragung erfolgt meist mit dem Speichel über einen Biss und entzündet das Gehirn. Während der Erkrankung werden meist drei Phasen durchlaufen: Wesensveränderungen, Aggression und Lähmungserscheinungen verschiedener Muskel. Die Erkrankung endet fast immer tödlich. Bereits erkrankte Tiere dürfen per Gesetz nicht behandelt werden.

Wenn man keine gültige Tollwutschutzimpfung vorweisen kann sind die Hunde schon beim geringsten Verdacht auf Tollwut zu töten. Laut Tollwutverordnung darf die Impfung höchstens ein Jahr zurückliegen und muss jährlich wiederholt werden.

Zecken: Sollten Sie in einer zeckenreichen Gegend wohnen, können Sie sich gleich beim Tierarzt über die Schutzmöglichkeiten beraten lassen. Die Zeckenbisse sind nicht nur lästig sondern natürlich u.U. auch sehr gefährlich für Ihren Hund. Heute gibt es anwendungsfreundliche sogenannte Spot-On-Präparate: Alle 3-4 Wochen werden ein paar Tropfen zwischen die Schulterblätter des Hundes verteilt. Die Lösung verteilt sich innerhalb von 24 Stunden auf der gesamten Hautfläche und wirkt zuverlässig, auch bei Nässe, bis zu einem Monat vor Zeckenbissen und bis zu drei Monaten vor Flohbefall.

Mittlerweile ist in Deutschland auch eine Schutzimpfung gegen Zecken-Borreliose für Hunde ab dem 3. Lebensmonat möglich. Um einen ausreichenden Impfschutz zu erreichen, muss der Hunde zweimal im Abstand von 3 bis 5 Wochen geimpft werden. Der optimale Impfzeitpunkt liegt in der zeckenlosen kalten Jahreszeit (Oktober bis Februar). Dadurch wird rechtzeitig vor dem Aktivwerden der Zecken ein ausreichender Impfschutz aufgebaut. Eine Wiederholungsimpfung muss alle 6 – 12 Monate erfolgen. Über die vorhandenen Risiken informieren Sie sich bitte bei Ihrem Tierarzt.

Ich kann das Theater meiner Kumpels gar nicht verstehen: Ich gehe unglaublich gerne zum **Tierarzt.** Den ersten Besuch werde ich sowieso nicht vergessen, denn da wurde mit mir nur gespielt und es gab ganz tolle Leckerlis vom Doktor. Wenn ich heute die Praxistür sehe gibt es kein Halten mehr: Ich mag' sie alle, die Männer und Frauen in Grün. Ich ziehe dann mein Herrchen mit meiner ganzen Kraft gleich hinter die Empfangstheke und begrüße meine Lieblings-Tierarzthelferin ganz stürmisch. Doch der Beste ist immer noch der Tierarzt – gibt es doch im Behandlungszimmer immer ganz tolle Leckerlis. Und geholfen wurde mir dort auch immer, vor allem bei meinem letzten Besuch und der Geschichte mit den Glasscherben: 8 Stiche waren nötig, und nur, weil ich noch kurz vor dem Heimgehen unbedingt mit einer Dalmatiner-Lady in einem Feld spielen musste und ich vor lauter Begeisterung einen Sack Scherben übersehen hatte.

2. Ernährung

Von Ihrem Züchter haben Sie die empfohlene Futtersorte für Ihren Welpen erhalten. Wenn Ihr Hund das Futter gerne frisst, sollten Sie der Erfahrung Ihres Züchters vertrauen und dieses Futter weiter füttern. Wenn der Welpe in den ersten Tagen nicht ganz soviel frisst wie zuletzt beim Züchter ist das noch kein Grund zur Sorge. Erstens hat der Welpe die Belastung der Trennung zu verkraften, und zweitens hat er vermutlich beim täglichen Spiel mit seinen Geschwistern viel mehr Kalorien verbraucht als momentan bei Ihnen. Müssen Sie dennoch einmal das Futter umstellen, sollte dies immer langsam geschehen. Mischen Sie über mehrere Tage nach und nach immer mehr vom neuen Futter hinzu. Wenn Sie, aus welchem Grund auch immer, umstellen wollen, so ist es ratsam, sich bei Ihrem Züchter oder bei anderen Besitzern von Rottweilern zu erkundigen, welches Futter am besten vertragen wird. Neben eventuellen Futterallergien kann auch eine unerwünschte Verfärbung des Felles eintreten, wenn man auf ein für den Rottweiler weniger geeignetes Futter setzt.

Füttern Sie regelmäßig zu den Zeiten gemäß der Empfehlung Ihres Züchters, zum Beispiel drei Mahlzeiten um 7 , 12 und um 18 Uhr bis zum 6. Lebensmonat (danach 2 x täglich). Auf keinen Fall füttern Sie Ihren Hund nur 1 x täglich, da bei der großen Menge Futter das Risiko einer lebensbedrohlichen Magendrehung enorm zunimmt.

Auf dem Markt gibt es qualitativ hochwertige Trockenfutter speziell für Welpen, bei denen alle wichtigen Stoffe enthalten sind und keine weiteren Zusätze mehr hinzugegeben werden muss. Geben Sie ruhig ab und zu Reis, Kartoffeln, Haferflocken oder Nudeln hinzu. Nimmt Ihr Hund das an, ist es später kein Problem, bei einer eventuell notwendigen Diät diese ihm bekannten Lebensmittel zu füttern. NIEMALS jedoch sollten Sie irgend etwas vom Schwein verwenden. Ein für Menschen ungefährlicher Virus befindet sich oft unentdeckt im Schweinefleisch und wirkt für Hunde tödlich.

Dosenfutter ist um ein vielfaches teurer als Trockenfutter und erzeugt hohe Müllberge. Für eine Frischfutterernährung sind extrem gute Kenntnisse über eine optimale Versorgung notwendig und Zusatzstoffe müssen vermutlich auch beigegeben werden,

Wenn die Welpen sehr hungrig sind können Sie auch problemlos eine weitere kleine Mahlzeit einfügen. Als Abwechslung können Sie Schwarzbrot, Quark, Hüttenkäse, Joghurt, Bananen oder auch einen geriebenen Apfel servieren. Zur Gesunderhaltung und Entwicklung der Zähne gibt es im Hundefachhandel spezielle Hundekauknochen, Ochsenziemer oder sonstige Stücke aus Rinderhaut.

Füttern Sie tiergerecht

Für uns Menschen ist es möglich, dass wir uns nur durch die Verwertung von pflanzlichen Eiweißen ernähren – für Hunde jedoch ist eine vegetarische Ernährung unmöglich, da sie auf die Zufuhr von tierischem Eiweiß angewiesen sind. Doch aufgepasst: Auch eine nur aus Fleisch bestehende Ernährung ist eine viel zu einseitige Ernährung. Natürlich stammt auch der Rottweiler vom Wolf ab, und dieser sorgt instinktiv immer für einen ausgeglichenen Speiseplan, um Mangelerscheinungen vorzubeugen.

Heute gibt es eine große Anzahl von qualitativ hochwertigem Trockenfutter verschiedener Hersteller, bei denen man aufgrund jahrelanger Erfahrungen in der Ernährungswissenschaft-lichen Forschung davon ausgehen kann, dass alle benötigten Nährstoffe in ausreichendem Maß in den Trockenfutterprodukten enthalten ist. Dennoch sollten Sie Ihrem Rottweiler Abwechslung beim täglichen Futter bieten. Wählen Sie ein für die jeweilige Wachstumsphase Ihres Hundes geeignetes Trockenfutter aus; der Hund sollte es natürlich vertragen und auch geschmacklich mögen. Die Angaben auf den Packungen zur täglichen

Portionsbestimmung sind mit Vorsicht zu genießen und können immer nur als Anhaltspunkt dienen, da jeder Hund eine unterschiedlich starke Aktivität an den Tag legt und somit auch der Kalorienverbrauch nie identisch sein kann. Die Kosten für das Trockenfertigfutter sind je nach Qualität und Art des Futters stark unterschiedlich: Ein 15 kg-Sack, den Ihr kleiner Liebling in etwa einem Monat verputzt haben dürfte, kostet je nach Qualität etwa zwischen 45 und 100 Mark.

Mit dem Trockenfutter haben Sie nun die tägliche Grundlage für die Zubereitung der individuellen Mahlzeiten, denn um Abwechslung in den Speiseplan zu bringen, können Sie der jeweiligen Mahlzeit unterschiedliche Fleisch-, Fisch- und Frischwaren beigeben – wir füttern zum Beispiel 75% Trockenfutter gemischt mit 15% hochwertigem Dosenfeuchtfutter (Huhn, Lamm, Rind, Pansen) oder Fisch sowie 10% frischem Gemüse bzw. Obst (Bananen, Äpfel, Spinat, Lauch, Salate – alle Kohlarten sollten man allerdings nicht füttern).

Das Trockenfutter mit seinen Kohlenhydraten und Ballaststoffen ist der ideale Energielieferant. Das Dosenfeuchtfutter mit seinem saftigen Fleisch als Eiweißspender sowie die frischen Vitamine durch die Beigaben von Obst und Gemüse bringen genügend Abwechslung in den täglichen Speiseplan, um Ihren Rottweiler tiergerecht zu ernähren.

Anhand der folgenden Tabelle können Sie sich einmal die Zusammensetzung von sechs gängigen Markentrockenfutter (unterteilt in die Bereiche Welpen/Junghund-Futter, Normal/Regular-Futter für den ausgewachsenen Hund mit normaler Aktivität und Premium/Energy-Futter für den arbeitenden Hund mit hoher Aktivität) anschauen. Jeder Hund ist ein Individuum; der eine verträgt das eine besser als das andere und auch die Geschmäcker sind verschieden.

Obwohl die Daten mit aller Sorgfalt recherchiert wurden, ist nicht auszuschließen, dass sich Fehler eingeschlichen oder Veränderungen in der Herstellerproduktion ergeben haben. Für die Angaben in der Tabelle kann keine Haftung übernommen werden.

Zusammensetzung gängiger Markentrockenfertigfuttermittel

	zuständig und gut für:	Welpen/Junghund		Normal/Regular		Premium/Energy	
		Futter A	*Futter B*	*Futter C*	*Futter D*	*Futter E*	*Futter F*
Inhaltsstoffe							
Rohprotein %	Muskeln, Wachstum	26	29	20	27,8	30	24
Rohfett %	Energie, Fell	14	12	9	17,50	20	12
Rohasche %	Mineralstoffe	6,00	7,50	6,00	6,30	7,50	6,00
Rohfaser %	Verdauung	2,50	2,50	3,00	1,40	2,50	2,00
Wasser %		7,50	10	10	9,30	7,50	10
Vitamine							
A IE/kg	Augen, Wachstum, Fell, Haut	9300	15000	12200	10780	10000	13000
D3 IE/kg	Wachstum, Zähne, Knochen	920	1200	980	780	900	1050
E mg/kg	Schutz Zellen, Fortpflanzung, Wachstum	54	150	60	55	70	65
C mg/kg	Wundheilung, Gewebeneubildung	32	70			50	1600
B1 mg/kg (Thiamin)	Nerven, Appetit	21	12	7,30	2,80	18	7,50
B2 mg/kg (Riboflavin)	Zellwachstum, Fell, Augen	23	12	5,40	5,40	23	5,50
B5 mg/kg (Pantothen)	Zellwachstum, Verdauung	48	30	23	14,40	32,70	23
B3 mg/kg (Niacin)	Nerven, Haut, Schleimhaut	80	50	60	36,50	59	51
B6 mg'kg (Pyridoxin)	Stoffwechsel	12,90	7,00	4,00	4,85	11,30	4,20
Folsäure mg/kg	DNS, rote Blutkörper, Immunsystem	2,50	3,00	1,30	0,41	1,80	1,70
H Biotin mg/kg	Protein, Fettwechsel, Fell,	0,83	0,50	0,20	0,16	0,52	0,20
B12 mg/kg	Wachstum, rote Blutkörper	0,29	0,10	0,07	0,16	0,26	0,08
Cholin mg/kg	Leber, Fettstoff, Wachstum	2674	2000	1400		2400	1500
Mineralstoffe							
Calcium %	Knochen, Zähne	0,80	1,55	1,10	1,50	1,20	1,20
Phosphor %	Energie, Knochengerüst	0,63	1,20	0,90	1,00	1,00	0,90
Kalium %	Wasserhaushalt, Muskeln, Herz	0,75	0,60	0,60	0,56	0,80	0,60
Natrium %	Wasserhaushalt, Muskeln, Nerven	0,22	0,45	0,40	0,42	0,55	0,40
Chlorid %	Wasserhaushalt, Muskeln, Nerven	0,73				0,60	
Magnesium %	Knochen, Energietransfer	0,08	0,12	0,10		0,10	0,10
Eisen mg/kg	Muskeln, Blutbildung, Sauerstofftransport	500	230	140		198	170
Kupfer mg/kg	Collagen, Knochen, Haut, Fell, Blut	25	15	14	13,50	25	16
Mangan mg/kg	Nerven	48,30	55	37		51	22
Zink mg/kg	Wundheilung, Fell, Wachstum	210	230	160		220	150
Jod mg/kg	Schilddrüse	3,74	4,00	3,60		4,50	3,70
Selen mg/kg	Schutzfunktion Zellen, Augen	0,50	0,40	0,20		0,38	0,20

Bei einer Magenverstimmung und/oder Durchfall kann auch mal eine Magen-Darm-Diät angesagt sein, wobei Sie grundsätzlich zum Tierarzt gehen sollten, wenn keine baldige Besserung erfolgt:

Ist Ihr Hund älter als sechs Monate (mit jüngeren Hunden gehen Sie sofort zum Tierarzt), lassen Sie ihn 24 Stunden hungern und geben Sie ihm nur einen schwachen Tee (Schwarz-, Kamillen- oder Fencheltee) mit einer Prise Salz sowie stilles Wasser. Nach 24 Stunden können Sie ihm folgende Mahlzeiten bereiten: Hüttenkäse mit in Salzwasser gekochtem Reis (Brei); gekochtes Hackfleisch und überbrühte Haferflocken; rohe, mit Schale geriebene Äpfel. Als Leckerli verwenden Sie am besten Zwieback.

Auf jeden Fall füttern Sie während einer Magen-Darm-Diät keine Milch, Milz und Leber. Knochen, Pansen und Fertigfutter sind ebenfalls tabu.

Eine Diät-Alternative hierzu wäre auch Milupa-Heilnahrung und Zwieback.

Sollte Ihr Hund den starken Durchfall und/oder Erbrechen mitten in der Nacht bekommen so können Sie ihm und Sich durch Gabe eines BUSCOPAN® - Säuglingszäpfchens Linderung für die Nacht verschaffen, ehe Sie am nächsten Tag bei fortdauerndem Durchfall Ihren Tierarzt aufsuchen.

Die häufigsten Ernährungsfehler bei Hunden:

❖ Die ausschließliche Fütterung von Essensresten ist für den Hund ungeeignet, da sich der Nährstoffbedarf von Mensch und Hund deutlich unterscheidet.
❖ Die Fütterung von rohem Fleisch kann einen Hund sehr krank machen. Rohes Schweinefleisch kann Viren enthalten, die für Hunde tödlich sein können
❖ Die Fütterung von Knochen ist für die Hunde schwer verdaulich und kann zu Zahn- und Magenverletzungen führen

3. Auslauf / Spaziergänge

Der Rottweiler ist ein schnell wachsender, großer Hund. Sie sollten einige wichtige Grundregeln befolgen, um nicht durch ein Fehlverhalten der schmerzvollen HD-Krankheit Vorschub zu leisten.

Bis zum 12. Monat soll Ihr Hund keine Treppen steigen. Fahrradfahren mit dem angeleinten Hund ist mindestens bis zum 12. Monat absolut tabu, da das gleichmäßige Laufen die HD-Krankheit sehr begünstigt.

Warten Sie mit diesen Dingen auf alle Fälle, bis Ihr Hund geröntgt (Hündinnen nicht vor dem 12. Monat, Rüden nicht vor dem 15. Monat) und hoffentlich kein positiver Befund festgestellt wurde.

Ein Rottweiler braucht viel Auslauf. Übertreiben Sie es aber auf keinen Fall mit Ihrem Welpen. Ein Spaziergang von 1 Stunde, womöglich noch angeleint, ist viel zu viel.

Gehen Sie lieber mindestens sechsmal 15 Minuten Gassi und lassen den Welpen möglichst frei laufen.

Bei dieser Gelegenheit machen Sie sich klar, dass auch ein Rottweiler das Recht zum Laufen, Spielen, Raufen und im Dreck wühlen hat, auch wenn er danach aussieht wie ein besuhltes Schwein. Leider gibt es einige Besitzer, die ihren Rottweiler nicht von der Leine lassen, weil er danach nicht mehr so schön sauber ist.

Diese meist angeleinten Vorzeigehunde der Hundehalter können einem nur leid tun; ein Rottweiler braucht genügend freien Auslauf, um einer artgerechten Haltung gerecht zu werden. Das Fell der Rottweiler ist selbstreinigend. Der immer vorhandene leichte Ölfilm lässt die dreckigsten Pfoten nach einigen Stunden automatisch wieder sauber erstrahlen.

Baden sollten Sie ihren Hund nicht unnötig, da dies dem Fell trotz spezieller Hundeshampoos nicht allzu gut tut.

Gewöhnen Sie ihn allerdings schon im frühen Welpenalter an die Prozedur in der Badewanne; im Normalfall sollte es kein Problem sein, da die meisten Hunde das Wasser sehr mögen und sich gerne in allem aufhalten, dass mit Wasser zu tun hat (das trifft besonders auf Schnee zu!).

Wasser, Wasser, Wasser – ich kann gar nicht genug davon bekommen. Meiner Rasse liegt das wohl im Blut; ich jedenfalls lasse keinen Fluss, kein See und keine Pfütze aus. Gleich am ersten Wochenende im neuen Heim habe ich den Gartenteich ausprobiert – ich habe die darauffolgende Aufregung und das Geschrei meines Rudels gar nicht verstanden. Das Tollste ist natürlich im Urlaub am Strand lang zu rennen, um dann ein kühles Bad zu nehmen. Apropos Bad: Im Gegensatz zu vielen anderen Hunderassen müssen wir nicht nach jedem feuchten Spaziergang gebadet werden, da unser Fell immer einen leichten Ölfilm besitzt und so eine relativ gute und schnelle Selbstreinigung ermöglicht. Sollte es dann doch einmal nötig sein (... es macht ganz schön viel Spaß, wenn unsere Bauern wieder frische Gülle auf meinen "Spielplatz" gesprüht haben) ist das kein Problem: Ich steige nur zu gerne in die Badewanne und spiele dann mit dem Wasserstrahl, wenn Frauchen mich abduscht. Und von Herrchen gibt es nur bei dieser Gelegenheit so tolle Trockenfische.

Also, gehen Sie mehrmals täglich 15 Minuten mit dem Kleinen auf Entdeckungstour. Er wird diese Zeit genießen und begeistert losrennen. So schön der Anblick reiner Lebensfreude auch ist: Machen Sie nicht den Fehler einer passiven Beteiligung. Dies sind die schönsten und wichtigsten Minuten des ganzen Tages für den kleinen Welpen.

Beteiligen Sie sich aktiv daran, spielen Sie Verstecken, Nachlaufen und Fangen. Rollen Sie einen Tennisball, damit er ihn holen kann. Machen Sie immer Übungen mit ihm, beteiligen sich immer aktiv am Geschehen. Wenn Sie Ihren Hund nur auf sich alleine gestellt laufen lassen fördern Sie nur seine Unabhängigkeit. Gehen Sie möglichst nie direkt von zu Hause aus spazieren. Fahren Sie lieber mit dem Auto an immer verschiedene Stellen und zeigen Sie Ihrem Welpen die große Welt. Pferde, Kühe, Schafe, Hühner und andere Tiere sollte der Welpe so früh wie möglich kennen lernen. Hat er vor etwas Angst: Auf keinen Fall beruhigend auf ihn einreden, sondern einfach ignorieren. Zukünftig gehen Sie immer bewusst in eine solche Situation, bis er sich daran gewöhnt hat und keine Angst mehr zeigt.

Gehen Sie mit dem angeleinten Welpen einmal durch die Fußgängerzone (Nehmen Sie sich genügend Zeit: Der Welpe findet natürlich alles neu und ist fasziniert von den vielen Menschen, den anderen Gerüchen, den fremden Geräuschen. Außerdem werden Sie oft genug angesprochen werden, was Sie für einen süßen Welpen haben. Besuchen Sie den Bahnhof, gehen Sie in ein Kaufhaus und fahren Sie mit dem Aufzug oder der Rolltreppe (Natürlich nur, wenn Sie den Welpen auf dem Arm haben – ein Hund darf niemals auf dem Boden einer Rolltreppe mitfahren, da er sich schwer verletzen kann, wenn die Pfoten beim Ausstieg in das Förderband geraten). Wie schon gesagt, alles, was der Welpe bis zur 16. Woche gelernt und kennen gelernt hat, ist fest in seinem Gehirn gespeichert.

Die Hundesprache

❖ Ich mag' Dich: Er wedelt mit dem Schwanz und leckt die Hand
❖ Achtung!: Die Ohren werden gestellt, die Rute erhebt sich und die Zähne werden gezeigt
❖ Ich greife gleich an: Die Lefzen werden hochgezogen, die Nackenhaare sträuben sich und der Hund knurrt
❖ Ich bin traurig: Er heult und fiept
❖ Ich möchte gestreichelt werden: Er stupst mit der Schnauze und bellt bzw. fiept leise
❖ Ich möchte spielen : Er nimmt die Lefzen zurück, öffnet etwas das Maul und stellt die Ohren wachsam auf

4. Darf mein Welpe zu anderen Hunden?

Ja.

Ja.

Ja.

Ja.

Ja.

Ja.

Ja.

Ja.

Ihr Hund sollte so viel wie möglich die Gelegenheit haben, mit anderen Hunden zu spielen und um auch von diesen zu lernen. Je mehr Sie ihm dies ermöglichen, umso weniger Probleme wird Ihr Hund später einmal mit anderen Artgenossen haben. Sie sollten sich aber an gewisse Grundregeln halten; auf den sogenannten Welpenschutz kann man sich meiner Meinung nach nicht verlassen: 1.) Lassen Sie Ihren Welpen niemals mit angeleinten Hunden spielen. (Viele Hunde fühlen sich an der Leine ihres Besitzer wie die Machos auf und neigen manchmal zu aggressivem Verhalten). 2.) Wenn Ihnen ein angeleinter Hund entgegenkommt, lassen Sie Ihren möglicherweise freilaufenden Hund auf keinen Fall zu dem angeleinten Hund. 3.) Sprechen Sie vorher mit dem Besitzer des anderen Hundes, ob er ein Problem beim Spiel mit Ihrem Welpen sieht. Lassen Sie den fremden freilaufenden Hund von dessen Besitzer ins Platz legen. Verweigert der Hund das Platz können Sie direkt weiterlaufen. Im Notfall wird dieser Hund niemals auf seinen Besitzer hören. 4.) Hört ein fremder Hund nicht auf seinen Besitzer oder ist er gar alleine unterwegs und rast geradewegs auf Sie zu, gibt es nur eines: Nehmen Sie Ihren Welpen schützend auf Ihren Arm und beten Sie, dass Ihnen kein aggressiver Hund gegenübersteht.
Es ist erstaunlich, wie schnell und problemlos die verschiedensten Hunderassen in den unterschiedlichsten Altersstufen diese Begegnungen unter sich regeln, wenn Sie denn nur unangeleint aufeinandertreffen.

Natürlich kann trotz aller Vorsichtsmaßnahmen immer mal etwas passieren, aber dieses kleine Restrisiko müssen Sie in Kauf nehmen. Wenn Sie Ihren Welpen generell vor fremden Hunden abschotten werden Sie später unter Umständen einen weiteren Problemhund haben, der nie das richtige Verhalten unter Seinesgleichen gelernt hat.

Wenn Ihnen dieses Risiko zu groß ist sollten Sie sich lieber für einen Hamster oder einen Papagei entscheiden.

5. Ausflüge ins Ausland

Wenn Sie mit Ihrem Rottweiler eine Auslandsreise vorhaben sollten Sie sich genau über die jeweiligen Landesgesetze informieren. Die nachfolgenden Einreisebestimmungen der wichtigsten Urlaubsländer beruhen auf dem Stand von Mai 2000; für die Richtigkeit kann keine Gewähr übernommen werden. Informieren Sie sich vor der Abreise gegebenenfalls beim ADAC oder bei Ihrem Tierarzt über die jeweils gültigen Einreisebestimmungen.

Belgien: Tierärztliche Bescheinigung der Tollwutimpfung. Der internationale Impfpass wird anerkannt. Die Impfung muss von einem Amtstierarzt beglaubigt sein.

Dänemark: Tierärztliches Tollwutimpfzeugnis erforderlich. Internationaler Impfpass wird anerkannt. Bei Tieren jünger als 3 Monate ist eine Gesundheitsbescheinigung erforderlich.

Finnland: Tierärztliche Impfbescheinigung. Die Tollwutimpfung darf max. 1 Jahr alt sein und muss mindestens 30 Tage vor der Einreise erfolgt sein. Bei Einreise aus EU-Ländern kann auch unmittelbar nach der Impfung eingereist werden.

Frankreich: Für Hunde älter als 3 Monate ist eine gültige Tollwutschutzimpfung ausreichend. Die Erstimpfung muss mindestens vor 30 Tagen erfolgt sein. Hunde müssen durch Tätowierung oder Mikrochip identifizierbar sein.

Griechenland: Internationaler Impfpass mit Tollwutimpfbescheinigung wobei die Impfung nicht länger als 6 Monate vor der Einreise zurückliegen darf und mindestens 15 Tage vor der Einreise erfolgt sein muss.

Großbritannien: Bisher war eine Quarantänezeit von 6 Monaten zwingend vorgeschrieben. Am 28. Februar 2000 startet das Pilotprojekt zur Einfuhr von Haustieren ohne Quarantäne; umfangreiche Informationen hierzu finden Sie am Ende dieses Kapitels.

Irland: Siehe Großbritannien

Beim ersten Mal war ich gerade mal fünf Monate alt und ich habe gleich Gefallen daran gefunden: **Urlaub!** Als die Koffer am Vorabend gepackt wurden konnte ich zunächst gar nichts damit anfangen. Mitten in der Nacht durfte ich dann noch kurz in den Garten, um meine persönlichen Geschäfte zu erledigen. Dann fuhren wir vier Stunden auf der Autobahn – eine gute Möglichkeit, meinen unterbrochenen Schlaf nachzuholen. Als wir dann in den Bergen angekommen waren war die Überraschung umso größer: Auf einmal standen auch die Eltern meines Frauchens auf dem Parkplatz, und die neue Umgebung mit den großen Bergen und den vielen Kühen war auch ganz schön aufregend. Danach war ich noch an der Nordsee, um das Schwimmen so richtig zu lernen (Dirk war auch dabei, aber der war viel zu feige, um ins kalte Nordseewasser zu steigen...) und zum Milleniumswechsel ging es dann schon wieder ans Meer – ich kann mir keinen schöneren Hundeurlaub vorstellen. Heute weiß ich ganz genau, wann wir wieder eine größere Reise machen: Sobald diese großen Koffer im Schatten der Dunkelheit aus ihrem Versteck geholt werden lege ich mich ganz ruhig in eine Ecke und beobachte das ganze Treiben mit aller Gelassenheit. Nur jetzt niemanden verärgern, sonst kommt womöglich noch jemand auf die Idee, am nächsten Morgen ohne mich in Urlaub zu fahren.

Italien: Tierärztliches Gesundheits- und Impfzeugnis. Bei der Tollwutimpfung wird ein 11-monatiger Impfschutz anerkannt; die Impfung muss mindestens 20 Tage vor der Einreise erfolgt sein. Das Gesundheitszeugnis hat eine Gültigkeit von 30 Tagen. Maulkorb und Leine sind mitzuführen.

Jugoslawien: Tierärztliches Gesundheits- und Impfzeugnis. Für die Tollwutimpfung wird ein 6-monatiger Impfschutz anerkannt. Die Impfung muss mindestens 15 Tage vor der Einreise erfolgt sein. Die Impfungen müssen im Internationalen Impfpass eingetragen sein.

Kroatien: Tierärztliches Gesundheits- und Impfzeugnis. Die Tollwutimpfung darf nicht älter als 12 Monate sein und muss mindestens 15 Tage vor der Einreise erfolgt sein.

Luxemburg: Tierärztliche Bescheinigung der Tollwutimpfung erforderlich. Die Impfung muss mindestens 30 Tage vor der Einreise erfolgt sein und darf höchstens 1 Jahr alt zurückliegen.

Niederlande: Tierärztliche Bescheinigung der Tollwutschutzimpfung erforderlich wobei die Impfung mindestens 30 Tage vor der Einreise erfolgt sein muss. Gültigkeitsdauer 3 Monate für Hunde, die vor Vollendung des 3.Monats geimpft wurden, sonst 1 Jahr. In den Niederlanden besteht allgemeine Anleinpflicht.

Norwegen: Bei der Einreise muss eine zweiteilige Bescheinigung eines praktischen Tierarztes vorgelegt werden, die nicht älter als 10 Tage sein darf. Das Formular ist bei der Staatlichen Norwegischen Tiergesundheitszentralverwaltung erhältlich. Der Tierarzt muss bescheinigen, dass der Hund keine ansteckenden Krankheiten hat und eine Behandlung gegen Bandwürmer durchgeführt wurde. Innerhalb der ersten Woche muss der Hund in Norwegen von einem Tierarzt erneut auf Wurmbefall behandelt werden. Die Impfbescheinigung enthalten Nachweise über Impfungen gegen Tollwut (wie Schweden), Leptospirose (Impfung innerhalb 365 Tage vor der Einreise), Staupe (Impfung innerhalb 730 Tage vor der Einreise). Außerdem muss der Hund durch eine lesbare Ohr-Tätowierung oder durch einen Mikrochip identifizierbar sein. Der Hund muss sich mindestens 6 Monate in EU-Ländern aufgehalten haben.

Österreich: Tierärztliches Tollwutimpfzeugnis erforderlich. Die Tollwutschutzimpfung muss mindestens 30 Tage vor der Einreise erfolgt sein und darf nicht älter als 12 Monate sein. Maulkorb und Leine müssen mitgeführt werden.

Polen: Internationaler Impfpass mit Tollwutimpfbescheinigung und amtstierärztlichem Gesundheitszeugnis (nicht älter als 3 Tage) erforderlich. Die Impfung muss mindestens 21 Tage zurückliegen und darf max. 12 Monate alt sein.

Portugal: Amtstierärztliches Gesundheits- und Impfzeugnis erforderlich. Die Tollwutimpfung muss mindestens 30 Tage vor der Einreise erfolgt sein; Gültigkeit 1 Jahr. In Portugal besteht allgemeine Anleinpflicht und Maulkorbzwang. Hunde dürfen nicht in Restaurants, nicht an Strände und nicht in Bussen mitfahren.

Rumänien: Tierärztliches Gesundheitszeugnis, nicht älter als 10 Tage. Tollwutimpfungsgültigkeit 1 Jahr, wobei mindestens 1 Monat vor der Einreise geimpft sein muss.

Schweden: Einfuhrerlaubnis erforderlich, die beim Schwedischen Zentrallandwirtschaftsamt, Jönsköping (Tel.: 0046-36-155000) zu beantragen ist (Gebühr ca. 400 Kronen). Der Antrag wird erst nach Eingang des Geldes bearbeitet. Antragsformulare gibt es auch im Internet unter www.sjv.se.
Amtstierärztliches Gesundheitszeugnis, Impfung gegen Tollwut, Leptospirose und Staupe sowie ein Tollwutantikörpertest sind vorgeschrieben; eine Identitätskennzeichnung wie Tätowierung oder Mikrochip sind ebenfalls erforderlich. Die Tollwutschutzimpfung darf höchstens 1 Jahr alt sein und der Hund muss bei der Impfung mindestens 3 Monate alt sein. Die Blutproben für den Tollwutantikörpertest sind frühestens 120 Tage und spätestens 365 Tage nach der Tollwutschutzimpfung bei folgenden anerkannten Untersuchungsstellen vorzunehmen:

Institut für Virologie der Justus-Liebig-Universität Gießen, Tel.: 0641/9938350 und Landesuntersuchungsanstalt für das Gesundheits- und Veterinärwesen Sachsen in Chemnitz, Tel.: 0371/5391016.

Hat der Hund einen anerkannten Antikörperschutz erreicht und wurde einmal jährlich neu gegen Tollwut geimpft, müssen keine weiteren Blutproben entnommen werden. Die Leptospiroseimpfung darf nicht länger als 1 Jahr zurückliegen, die Staupeimpfung hat eine Gültigkeitsdauer von 730 Tagen. Auf dem Formular des Schwedischen Zentralamtes wird vom Tierarzt bestätigt, dass der Hund gesund ist und gegen Bandwürmer behandelt wurde. Es ist bei der Einreise vorzulegen und darf höchstens 10 Tage alt sein. Nach der Einreise sollte die Entwurmung wiederholt werden.

Schweiz: Tierärztliches Tollwutimpfzeugnis erforderlich; anerkannt wird ein 1jähriger Impfschutz. Die Impfung muss mindestens 30 Tage vor der Einreise erfolgt sein. Beim Transitverkehr mit Bahn oder Flugzeug ohne Aufenthalt gelten keine Einschränkungen.

Slowakische Republik: Für einen Aufenthalt bis zu 30 Tagen sind die im Internationalen Impfpass eingetragene Tollwutimpfung sowie die Impfung gegen Staupe, Hepatitis und Parvovirose ausreichend. Tierärztliches Gesundheitszeugnis (höchstens 3 Tage alt) und Impfungen müssen im Internationalen Impfpass eingetragen sein. Für einen längeren Aufenthalt wird eine Einfuhrgenehmigung des staatlichen Veterinäramtes benötigt.

Slowenien: Internationaler Impfpass mit tierärztlichem Gesundheitszeugnis und Tollwutimpfbescheinigung erforderlich. Die Impfung darf höchstens 12 Monate alt sein und muss bei der Einreise mindestens vor 15 Tagen erfolgt sein. Zusätzlich ist ein Impfschutz gegen Staupe erforderlich der nicht länger als 6 Monate zurückliegen darf und mindestens 15 Tage vor der Einreise erfolgt ist.

Spanien: Tierärztliches Gesundheitszeugnis bei der Einreise erforderlich, dass nicht älter als 14 Tage ist. Internationaler Impfpass mit Tollwutschutzimpfung muss vorgelegt werden, wobei die Impfung mindestens 30 Tage alt sein muss und nicht länger als 12 Monate zurückliegt.

Tschechische Republik: siehe Slowakische Republik

Türkei: Internationaler Impfpass mit Tollwutimpfbescheinigung und amtstierärztliches Gesundheitszeugnis erforderlich. Die Impfbescheinigung muss mindestens 14 Tage zurückliegen und darf höchstens 6 Monate alt sein, das amtstierärztliche Gesundheitszeugnis darf nicht früher als 2 Tage vor Reisebeginn ausgestellt sein.

Ungarn: Amtstierärztliches Gesundheitszeugnis (nicht älter als 8 Tage) sowie Tollwutschutzimpfungsbescheinigung erforderlich. Die Impfung muss mindestens 30 Tage alt sein und darf für die Wiedereinreise höchstens ein Jahr zurückliegen. Impfung gegen Staupe erforderlich und muss im Gesundheitszeugnis oder im Internationalen Impfpass eingetragen sein.

USA: Hunde müssen bei der Einreise frei von auf Menschen übertragbare Krankheiten sein. Hawaii und Guam sind Tollwutfrei, weswegen hier eigene Quarantänebestimmungen gelten. Hunde müssen mindestens 30 Tage vor der Einreise gegen Tollwut geimpft sein, es sei denn, sie sind jünger als 3 Monate oder sie halten sich für mindestens 6 Monate in einem von der US Public Health Service für tollwutfrei erklärten Gebiete auf. Ein gültiger Internationaler Impfpass ist erforderlich. Die Impfung darf nicht älter als 12 Monate sein, die Impfung muss mindestens 30 Tage vor der Einreise erfolgt sein. Welpen müssen 3 Monate an einem Ort nach Wunsch des Halters verweilen und werden dann geimpft.
Weitere Auskünfte bei US Customs Service, Berlin (Tel.: 030-83051470 oder 030-8329233).

Wiedereinreise nach Deutschland: Beim Grenzübertritt reicht der Nachweis einer Tollwut-Schutzimpfung aus. Der Internationale Impfpass wird anerkannt.

Quellen: Tierärzte, Botschaften, Hoechst Roussel Vet

Großbritannien: PET TRAVEL SCHEME – Pilotprojekt ab 28.2.2000
Bedingungen für die Einreise von Haustieren (Hunde und Katzen) in das Vereinigte Königreich

Am 22. Dezember 1999 gab die Staatsministerin im britischen Landwirtschaftsministerium, Baroness Hayman, eine weitere Erklärung zur Reform der Tollwutquarantäne ab. Das Pilotprojekt für die Neuregelung wird am 28. Februar 2000 in Kraft treten, das heißt schon vor dem ursprünglich geplanten Termin April 2000.
Im Rahmen dieses Pilotprojekts werden die Neuregelungen auf verschiedenen Einreisewegen nach dem Vereinigten Königreich getestet werden. Diese sind der Seeweg von Calais nach Dover, die Seewege von Cherbourg, Caen, St. Malo oder Le Havre nach Portsmouth sowie Kanaltunnel von Coquelles nach Cheriton

Bekanntgabe der für das Pet Travel Scheme zugelassenen Verkehrsunternehmen

Die folgenden sechs Verkehrsunternehmen sind jetzt bereit, Reservierungen anzunehmen:

Seeweg von Calais nach Dover	Hoverspeed, P&O Stena Sea France
Seeweg von Cherbourg, Caen, St Malo, Le Havre nach Portsmouth	Brittany Ferries P&O European
Eisenbahn	Eurotunnel

Das britische Ministerium für Landwirtschaft, Fischerei und Ernährung hat die geplante Betriebspraxis dieser Verkehrsunternehmen vorbehaltlich einer Vor-Ort-Inspektion der Vorkehrungen, zu denen die Unternehmen sich verpflichtet haben, zugelassen. Staatsministerin Baroness Hayman hat die Haustierhalter noch einmal daran erinnert, dass Haustiere ab dem 28. Februar nur dann nach Großbritannien mitgenommen werden dürfen, wenn sie die Voraussetzungen des Pet Travel Scheme erfüllen.

Wer mit seinem Haustier nach dem Vereinigten Königreich reisen möchte, kann schon jetzt Vorkehrungen treffen, um sich auf die Neuregelung vorzubereiten, aber bitte beachten Sie, dass Ihr Haustier frühestens 6 Monate, nachdem der Tierarzt eine Blutprobe entnommen hat, die ein befriedigendes Ergebnis ergab, einreisen darf.

1. Das Pilotprojekt gilt für alle Hunde und Katzen, die folgenden Bedingungen erfüllen:
* Sie müssen in einem Land der Europäischen Union oder des Europäischen Wirtschaftsraums beheimatet sein (einschließlich Andorra, Kanaren, Gibraltar,
* Monaco, San Marino, Schweiz und Vatikan, jedoch unter Ausschluss der französischen Übersee-Departements und -Territorien sowie von Spitzbergen);
* sie müssen mit Mikrochips versehen sein; falls sie vor Einpflanzen des Mikrochips geimpft wurden, muss die Impfung wiederholt werden. Alle Arten von Mikrochips werden akzeptiert. Falls das Tier mit einem Mikrochip versehen ist, der nicht der ISO-Norm 11784 oder Anhang A der Norm 11785 entspricht, muss der Tierhalter ein Lesegerät zur Verfügung stellen. Sie sollten dann auf jeden Fall Ihren Tierarzt konsultieren.

2. Haustierhalter sollten ungefähr 30 Tage (Ihr Tierarzt soll diese Frist selber bestimmen) nach erfolgter Impfung von ihrem Tierarzt eine Blutprobe des betreffenden Tiers entnehmen lassen, um sicherzugehen, dass das Tier auf die Impfung angesprochen hat. Das Blut der Tiere muss in einem vom britischen Landwirtschaftsministerium zugelassenen Labor getestet worden sein. Nur Tests, die von diesen Labors nach dem 27. Mai 1999 durchgeführt wurden, werden anerkannt.

Eine Liste der Labors ist im Internet verfügbar. In Deutschland, Österreich und der Schweiz sind folgende Labors zuständig:

Deutschland	**Österreich**	**Schweiz**
Institut für Virologie	Bundesanstalt für Tierseuchen-Bekämpfung	Institut für Veterinär-Virologie
Frankfurter Straße 107	Robert-Koch-Gasse 17	Langgass-Strasse 122
D-35392 Gießen	A-2340 Mödling	CH-3012 Bern
Tel: (+49) 641 99 38350	Tel: (+43) 2236 46 640 902/906	Tel: (+41) 31 631 23 78
Fax: (+49) 641 99 38359	Fax: (+43) 2236 46 640 941	Fax: (+41) 31 631 25 34

3. Die Kapazität der zugelassenen Labors ist im Augenblick begrenzt. Tierhalter sollten daher, ehe sie ihr Tier impfen lassen, bei ihrem Tierarzt nachfragen, wie lange sie auf einen Bluttest warten müssen. Sollte die Wartezeit lang sein, empfiehlt es sich, die Impfung aufzuschieben, da die besten Testergebnisse etwa 30 Tage nach der Impfung erzielt werden.

4. Nach dem Bluttest beginnt eine Wartezeit von sechs Monaten, ehe das Tier in das Vereinigte Königreich einreisen darf. Innerhalb von 24 – 48 Stunden vor der Einreise muss das Tier von einem Tierarzt gegen Band-Würmer und Zecken behandelt werden.

5. Als Nachweis, dass die Tiere die Anforderungen – Mikrochip, Impfung und Bluttest – erfüllen, muss sich der Halter von einem Amtstierarzt in seinem Land eine entsprechende Bescheinigung ausstellen lassen, außerdem eine Bescheinigung, dass das Haustier gegen Bandwürmer und Zecken behandelt ist. Die deutschen Behörden senden diese Bescheinigungen allen Tierärzten über die örtlichen Veterinärämter zu.

6. Nach einer neuen Bestimmung müssen die Haustierhalter eine Erklärung unterzeichnen, dass das Tier in den sechs Monaten vor der Einreise nach dem Vereinigten Königreich nicht in einem Land außerhalb der genannten westeuropäischen Staaten gewesen ist. Das Formular hierfür erhalten Sie bei dem Verkehrsunternehmen, das Ihr Haustier nach dem Vereinigten Königreich befördert.

Haustiere aus Nordamerika (Kanada und den USA) werden nicht in das Pilotprojekt einbezogen. Dieses Vorgehen wird noch einmal überprüft werden, nachdem das Projekt im Jahr 2001 voll angelaufen ist.

Der volle Wortlaut der Erklärung der Staatsministerin sowie anderes Informationsmaterial über das *Pet Travel Scheme* (einschließlich einer Liste der anerkannten Labors) sind auf der Website des britischen Landwirtschafts-Ministeriums im Internet unter folgender Adresse zu finden: www.maff.gov.uk/animalh/quarantine/default.htm

Auskunft erhält man auch unter den folgenden Telefon- und Fax-Nummern (Mo-Fr 10.00 bis 18.00 Uhr MEZ):

PETS Helpline: Tel: 0044 870 241 1710   Fax: 0044 207 904 6834   E-Mail: pets@ahvg.maff.gsi.gov.uk

Wenn Sie spezielle Fragen zum Thema Mikrochips, Impfungen oder Blutuntersuchungen haben, fragen Sie bitte Ihren Tierarzt.

Quelle: Britische Botschaft
www.britischebotschaft.de

IV. Gesundheitsfürsorge

1. Pflege und Hygiene

Fellpflege: Die Fellpflege des Rottweilers ist nicht besonders aufwendig. Zweimaliges tägliches Bürsten bei trockenem Fell genügt vollkommen, um das Haaraufkommen in Ihrer Wohnung, insbesondere während des Fellwechsels, in erträglichem Rahmen zu halten. Bürsten Sie jedoch Ihren Rottweiler niemals, solange das Fell noch feucht ist; die Haare neigen bei Nässe zu brechen. Dies ist auch eine gute Gelegenheit, den Körper genau zu untersuchen, um frühzeitig Krankheiten wie zum Beispiel Hautprobleme feststellen zu können. Schwarzer Dreck kann ein Hinweis auf eine Infektion mit Parasiten sein; Haarverlust und eine Rötung der Haut bedeutet eventuell eine Allergie oder eine Pilzinfektion. Je früher Sie eine Veränderung feststellen und Ihren Tierarzt dazu befragen, umso besser sind die Chancen auf eine schnelle und vollständige Genesung.

Augen: Untersuchen Sie die Augenwinkel auf Tränenausfluss, der keinesfalls sehr stark sein sollte. Tränen die Augen Ihres Hundes permanent sehr stark sollten Sie Ihren Tierarzt um Rat fragen. Meist genügen Tropfen oder ein Gel, um Abhilfe zu schaffen. In seltenen Fällen ist ein Abschaben im unteren Lidbereich nötig, dass Sie allerdings nur nach Rücksprache mit mehreren Tierärzten machen lassen sollten, in jedem Fall nie, bevor der Hund mindestens 1 Jahr alt ist. Leichtere Absonderungen in den Innenwinkeln der Augen reinigen Sie regelmäßig mit einem sauberen Tempotaschentuch. Die Augen sollten klar und glänzend sein. Da es eine ganze Reihe von Augenerkrankungen gibt, sollten Sie bei den kleinsten Auffälligkeiten Ihren Tierarzt konsultieren.

Ohren: Kontrollieren Sie die Ohren wöchentlich. Zur Reinigung bei Schmutzbefall gibt es spezielle Flüssigkeiten, die bei Bedarf in das Ohr gesprüht werden und den vorhandenen Dreck auflösen. Ihr Hund wird abschließend alles selbsttätig herausschütteln. Verwenden Sie auf keinen Fall Wattestäbchen und gehen Sie auch nicht mit Wasser und Seife auf die Ohren Ihres Hundes los. Riecht das Ohr schlecht, schüttelt Ihr Hund oft den Kopf oder trägt er ihn gar schief, sollten Sie den Tierarzt aufsuchen. Möglicherweise steckt ein Gegenstand im Gehörgang, der entfernt werden muss. Im Sommer setzen sich gerne Grannen (Ährenborste) tief im Gehörgang fest, die ihrem Hund starke Schmerzen verursachen können.

Zähne: Untersuchen Sie täglich das Zahnfleisch auf Rötungen und Blutungen. In der Zeit des Zahnwechsels (4.-6. Monat) kann dies jedoch völlig normal sein. Zur natürlichen Reinigung der Zähne sollten Sie Ihrem Hund regelmäßig im Hundefachhandel erhältliche Kauknochen geben; spezielle Zieh- und Kauseile sind nicht nur hervorragende Spielgeräte, sondern dienen ebenfalls der Reinigung der Zähne. Nicht entfernte Speisereste können üblen Mundgeruch auslösen und zerstören die Zähne.

Der große Feind des Hundezahnes heißt Zahnstein, der zur Paradentose führen kann. Aufkommender Zahnstein sollte umgehend vom Tierarzt entfernt werden.

Krallen: Wenn Ihr Hund genügend täglichen Auslauf bekommt und nicht ausschließlich auf weichem Untergrund läuft, werden sich die Krallen auf natürliche Weise abnutzen und immer die richtige Länge haben. Sollte aber einmal ein Krallenstutzen notwendig sein lassen Sie dies auf jeden Fall von Ihrem Tierarzt durchführen. Obwohl es sogenannte spezielle Hundekrallenzangen im Hundezubehörhandel gibt, kann davon nur abgeraten werden. Schnell haben Sie das Fleisch erwischt und dem Hund einen großen Schrecken eingejagt. Er wird diese schmerzhafte Erfahrung zukünftig immer mit Ihnen in Zusammenhang bringen, wenn Sie mit irgendwelchen „Instrumenten" in die Nähe seiner Pfoten kommen – es ist wirklich besser, dem Tierarzt diese Aufgabe zukommen zu lassen.

Pfoten: Die Pfoten sollten Sie täglich gründlich kontrollieren. Zwischen den Ballen eingeklemmte Steine können dem Hund Schmerzen bereiten. Im Winter kleben oft richtige Eisbrocken an den Pfoten, weshalb Sie in der kalten Jahreszeit vor dem Spaziergang Vaseline-Öl auf die Pfoten schmieren sollten. Es empfiehlt sich aus diesem Grund auch, eventuell wild wachsendes Haar an den Fußsohlen und zwischen den Zehen von Zeit zu Zeit abzuschneiden, da sich die Eisklumpen gerne darin festsetzen und dem Hund Schmerzen beim Laufen zufügen.

2. Röntgen

Wenn Ihr Hund 12 (Hündin) bzw. 15 (Rüde) Monate alt ist, sollten Sie einen Termin bei einem für das HD-Röntgen bei Deutschen Schäferhunden zugelassenen Tierarzt vereinbaren. Da der Hund eine Vollnarkose benötigt, wählen Sie möglichst einen Termin am frühen Vormittag, da Ihr Hund natürlich nüchtern zum Röntgen erscheinen muss. Der Befund ist enorm wichtig, weil erst das Ergebnis über den Zustand des Hüft- und Ellenbogengelenks Klarheit gibt, inwieweit Ihr Hund zukünftig welchen Belastungen ohne negative Auswirkungen ausgesetzt werden kann.

Sollte bei Ihrem Rottweiler ein positiver HD-Befund erfolgt sein, besprechen Sie mit Ihrem Tierarzt in aller Ruhe das weitere Vorgehen, um eine Verschlechterung der HD-Erkrankung vorzubeugen.

Bei der **Hüftgelenksdysplasie (HD)** ist das Hüftgelenk so deformiert, dass sich der obere Teil des Oberschenkelknochens nicht mehr in die Gelenkpfanne des Hüftbeins einfügt. Betroffene Hunde haben mehr oder weniger große Schmerzen und hinken ein- oder beidseitig, wobei sich die Muskulatur immer weiter zurückbildet. Der Hund läuft immer unsicherer und das Sitzen fällt ihm auch immer schwerer.

Obwohl heute verschiedene Behandlungsmethoden die Symptome bei nicht so schwer HD-erkrankten Hunden lindern können und der Vorgang der weiteren Deformierung aufgehalten werden kann, werden schwerer erkrankte Tiere meist eingeschläfert, da eine Heilung der Krankheit nicht möglich ist.. Die Tiere haben sehr große Schmerzen und Operationen zwecks Einsetzen künstlicher Gelenke sind sehr teuer und aufwendig, wobei eine Erfolgsgarantie nicht gegeben werden kann.

Die HD-Krankheit kann bei den großen und schnellwachsenden Rassen durch Vererbung angeboren sein oder aber bei Wachstumsentwicklungsstörungen auftreten

3. Sexualität

Hündin: Etwa zwischen dem 6. und 12. Monat wird Ihre Hündin ihre erste Hitze bekommen, das heißt sie wird läufig, wobei es durchaus sein kann, dass es manchmal etwas länger dauert. Erste Anzeichen für den Beginn der ersten Läufigkeit können sein: Starke Unkonzentriertheit, Gehorsamsverweigerung, immer weiteres Entfernen auf Spaziergängen, vermehrtes Schnüffeln, die Bindung zum Hundehalter ist nicht mehr so stark wie zuvor. Ihre Hündin kann auf einmal sehr schreckhaft sein, obwohl bisher alles normal war.

Meistens finden Sie in der Wohnung oder auf ihrem Nachtlager einen kleinen Blutfleck – ein untrügliches Zeichen für den Beginn der Hitze. Zu diesem Zeitpunkt besteht noch keine Gefahr, da die Hündin erst ab circa dem 10. Tag deckbreit ist. Kraulen Sie die Hündin am Schwanzansatz und bietet sie sich mit einer seitlichen Rutenbewegung an, ist der Zeitpunkt gekommen. Der Ausfluss verändert sich über bräunlich zu hellrosa und dann wässrig klar; die Hündin wird immer nervöser und versucht u. U. häufig auszureißen. Der Eisprung findet etwa 3 –5 Tage danach statt; die gesamte Hitze dauert in etwa 21 Tage und kommt zweimal im Jahr auf Sie zu.

Sie sind bei Beginn der ersten Hitze gut beraten, wenn Sie Ihre Hündin während dieser Zeit nur mit einer langen 10m-Leine ausführen. Sollten Sie bisher Ihren letzten Gang im Garten gemacht haben gilt besondere Vorsicht: Ein Rüde könnte schon froher Erwartung hinter dem nächsten Baum lauern. Gehen Sie in dieser Zeit auf keinen Fall vom Haus aus zu Spaziergängen weg: Ihre Hündin wird garantiert eine tolle Duftspur legen, damit jeder Rüde im großen Umkreis Ihre Wohnungstür leicht finden kann.

Sollte Ihre Hündin zu den starken „Blutern" gehören, können Sie sich bei Ihrem Hundezubehörhändler ein Schutzhöschen besorgen, damit nicht Ihre ganze Wohnung in Mitleidenschaft gerät.

Wenn Sie dann glücklich das Ende der Läufigkeit erreicht haben, ist ein sehr gründliches Vollbad angeraten, da die Hündin noch immer die für Rüden so interessanten Lockstoffe trägt.

Leider tritt immer häufiger nach dem Ende der Läufigkeit eine sogenannte Scheinträchtigkeit ein. Aus der einst temperamentvollen und unternehmenslustigen Hündin ist

auf einmal eine lustlose Genossin geworden, die an nichts mehr Spaß zu haben scheint. Sie mag auf keinen Spaziergang mehr gehen, das bisher geliebte Autofahren interessiert sie auch nicht mehr. Kommt Sie an die Leine, läuft sie halt eben so mit, um auf dem Rückweg auf einmal immer schneller zu werden. Die Hündin glaubt, daheim Ihre Jungen zu haben. Dies kann Ihr Stoff-Teddy oder auch ein Kissen sein, den sie immer in ihr Nachtlager trägt oder im Garten Gruben gräbt, wo Sie ihre Ersatzwelpen unterbringt. Manchmal tritt aus ihren kräftig geschwollenen Zitzen sogar etwas Milch aus.

Bedauerlicherweise gibt es im medizinischen Bereich keine vernünftige Lösung. Sie können nur Ihre Hündin soviel wie möglich beschäftigen und ablenken, indem Sie sie physisch und psychisch aufs Ganze fordern. Gehen Sie an den nächsten See zum Schwimmen und besuchen Sie Plätze mit für Ihren Hund hohem Ablenkungsfaktor.

Leider führt die Scheinträchtigkeit auf Dauer zu erheblichen Gesundheitsrisiken wie Gebärmuttervereiterungen, Tumoren usw., die mit Medikamenten leider nicht bekämpft werden können.

Sollte nach Rücksprache mit Ihrem Arzt eine Kastration notwendig sein, so sollten Sie die Operation erst ausführen lassen, wenn Ihre Hündin mindestens zwei- oder dreimal läufig gewesen ist.

Wenn Sie die erste Läufigkeit gut überstanden haben können Sie in der Zukunft die Läufigkcit durch eine Hormon-Spritze, die eine Schwangerschaft vortäuscht, unterbinden. Die Spritze muss zweimal im Jahr etwa 2 Wochen vor Beginn der Läufigkeit gegeben werden. Sollte jedoch zum Beispiel bei der ersten Läufigkeit ein Unglück passiert sein und unerwünschter Nachwuchs ins Haus stehen gibt es auch hierfür eine Lösung:

Sprechen Sie mit Ihrem Tierarzt darüber und bitten Sie ihn um die „Spritze danach", die etwa am 5. Tag nach dem Deckakt gegeben wird.

Rüde: Rüden werden natürlich nicht zweimal im Jahr läufig. Rüden sind 365 Tage bereit und heiß. Mit dem ersten Beinheben beim Pinkeln verändert sich meist das Verhalten Ihres verspielten und lernbereiten Rüden.

Durch das „Parfüm" einer läufigen Hündin mutiert Ihr Liebling plötzlich zum markierenden Hund, der plötzlich taub durch die Gegend rennt und keinen Befehl mehr zu kennen scheint. Daheim lässt er unter Umständen das Futter stehen und will permanent in den Garten; alle Türen werden beidseitig markiert.

Die bisher absolut respektierten Grundstücksgrenzen scheinen für ihn nicht mehr zu gelten; der Sprung über das Gartentor wird zur leichten Übung, um die Spur seiner Favoritin aufzunehmen.

Hat er nachts sein „Parfüm" in der Nase, wird er sie mit einem lauten Heul- und Jammerkonzert aus dem Schlaf holen. Verschlossene Türen werden heftigst bearbeitet, die Geräusche beim Penislecken werden unerträglich laut.

Oft ist der Rüde dann für keinerlei Befehle oder Verbote empfänglich, da er nur noch die Hündinnen im Kopf hat.

Sie sollten Ihrem Rüden helfen und Ihren Tierarzt um ein Mittel gegen diesen Hormonüberschuss bitten.

Spätestens bei einer aufkommenden Aggressivität gegen andere Rüden ist Ihr Handeln gefragt, da Ihr Liebling sonst schnell zum Raufer werden kann.

4. Krankheitssymptome

Zeigt sich Ihr Hund auf einmal **aggressiv**, knurrt Sie an oder schnappt sogar nach Ihnen, haben Sie ihm vielleicht durch Anfassen an einer empfindlichen Stelle weh getan oder er hat anderweitige Schmerzen. Neben einer hoffentlich bei Ihrem Hund nicht vorhandenen Wesensschwäche kann es auch ein Anzeichen für Tollwut sein, sofern Ihr nicht geimpfter Hund vor einigen Wochen mit einer Bisswunde aus einem Tollwutgebiet nach Hause kam.

Hat Ihr Hund überhaupt keinen **Appetit** beobachten Sie sein Urin und seinen Stuhl. Stellen Sie beim Fiebermessen eine erhöhte Temperatur fest (>38,5 Grad) gehen Sie zum Tierarzt. Eine stark überhöhte Temperatur rührt meist von Infektionskrankheiten her. Allerdings kann Ihr Rüde auch schlicht „Liebeskrank" sein oder aber Ihre Hündin ist eventuell scheinträchtig.

Tränende **Augen** können sowohl harmlos als auch sehr gefährlich sein. Wenn sich nur ein Staubkorn oder ein sonstiger Fremdkörper eingeschlichen hat, waschen Sie das betroffene Auge mit Wasser aus. Im Sommer kann auch eine Pollenallergie die Ursache hierfür sein. Hat Ihr Hund Fieber und ist nicht mehr so agil wie sonst gehen Sie sofort zum Tierarzt.

Hat Ihr Hund Störungen im **Bewegungsablauf** sollten Sie ihn auf Verletzungen untersuchen. Unter Umständen liegt nur eine einfache Verstauchung oder Prellung vor, die immer mal wieder beim Toben mit anderen Hunden vorkommen kann. Ebenso lässt sich der Schmerz bei einer Bruchverletzung eines Laufes gut lokalisieren. Beobachten Sie ein Lahmen an den Hinterläufen kann eine Kreislaufschwäche nicht ausgeschlossen werden.

Finden Sie **Blut** im Urin oder Stuhl gehen Sie sofort zum Tierarzt, da eventuell eine Vergiftung vorliegen kann.

Plötzliches Auftreten von **Durchfall** können Sie mit der im Kapitel Ernährung beschriebenen Magen/Darmdiät begegnen. Wahrscheinlich hat Ihr Hund nur etwas falsches gefressen oder Sie haben vielleicht das Futter auf eine andere Marke umgestellt. Hunde neigen auch nach Stresssituationen zu leichtem Durchfall. Ist mit dem Durchfall auch Erbrechen und/oder Fieber ab 39 Grad verbunden gehen Sie sofort zum Tierarzt.

Wenn Ihr Hund an heißen Tagen sehr starken **Durst** hat, ist dics völlig normal. Ansonsten hat er vielleicht etwas salziges zu sich genommen oder aber er hat nach Erbrechen und Durchfall viel Wasser verloren und sein Körper benötigt Nachschub. Hält der große Durst länger an und stellen Sie womöglich Fieber fest gehen Sie gleich zum Tierarzt.

Wenn Ihr Hund zu schnell und zuviel gefressen hat, **erbricht** er sich genauso, als wenn er etwas Unbekömmliches gefressen hat. Mehrmaliges Erbrechen und Würgen deuten auf verschluckte, im Hals feststeckende Gegenstände wie etwa Knochenknorpel hin. Zittert Ihr Hund, verhält er sich apathisch und ist er zu müde für seinen geliebten Spaziergang gehen Sie bei erhöhter Temperatur umgehend zum Tierarzt: Auch Hunde können Gastritis bekommen.

Da **Fieber** immer ein Indiz für eine Infektionskrankheit ist gehen Sie bei erhöhter Temperatur grundsätzlich zum Tierarzt.

Da die Ursache für **Haarausfall** vielschichtig sein können (Pilze, Allergien, Parasiten, Vitaminmangel) gehen Sie unbedingt zum Tierarzt.

Kratzt sich Ihr Hund viel, ist oft ein Flohbefall die Ursache für den Juckreiz. Finden Sie keine Flöhe, fragen Sie Ihren Tierarzt. Eventuell vorhandene Ekzeme sind sehr hartnäckig und fordern eine lange Behandlungsdauer. Auch Zecken können der Auslöser für häufiges Kratzen sein.

Läuft Ihr Hund auf einmal mit schiefem **Kopf** durch die Gegend oder schüttelt er permanent seinen Kopf, kann eine Ohrentzündung die Ursache sein, die nur der Tierarzt feststellen kann.

Riecht Ihr Hund unappetitlich aus dem **Maul** sollten Sie ihn zum Tierarzt bringen. Entweder ernähren Sie Ihren Hund falsch oder aber eine Entzündung der Zähne bzw. des Zahnfleisches liegt vor.

Die **Nase** ist normalerweise feucht und kalt und ist Ausdruck für einen gesunden Hund. Ist die Nase kurzfristig trocken und warm ist dies noch kein Anzeichen für eine Krankheit. Bleibt allerdings dieser Zustand für eine längere Zeit messen Sie seine Temperatur und gehen bei Fieber natürlich zum Tierarzt.

Hundeapotheke

Folgende hilfreiche Utensilien sollten Sie grundsätzlich im Haus vorrätig haben, da sie erfahrungsgemäß immer dann benötigt werden, wenn keine Besorgungsmöglichkeit besteht (z.B. Nachts):

Hilfsmittel

- ❖ Fieberthermometer
- ❖ Zeckenzange bzw. Pinzette
- ❖ Einweg – Spritzen
- ❖ Schere, Messer
- ❖ Sauerkraut (bei falsch verschluckten Gegenständen)
- ❖ Ölsardinen (hilft gegen Verstopfung)
- ❖ Milupa® Heilnahrung, Zwieback, Weizenkleie zur Diät

Medikamente

- ❖ Calcium Frubiase® (gegen Juckreiz, bei allergischen Reaktionen, Wespenstiche)
- ❖ Desitin® - Salbe (z.B. zur Desinfektion bei nicht richtig entfernten Zecken)
- ❖ Furacil® (Antibiotische Salbe)
- ❖ Nebancetin® (Breitband-Antibiotikum)
- ❖ Effortil®, Krodin® (Kreislaufmittel)
- ❖ Soventol® (Brandsalbe, auch gegen Stiche)
- ❖ Wundheilsalbe
- ❖ Gent-Ophtal® (Augensalbe)
- ❖ Betaisadonna® (Desinfektionsmittel)
- ❖ Buscopan® (Säuglingszäpfchen gegen Durchfall / Erbrechen
- ❖ Kochsalzlösung 0,9% bei Schadstoffen im Auge

Verbandmittel

- ❖ Mullbinden
- ❖ Verbandspäckchen
- ❖ Lenkelast® (Elastische Binden)
- ❖ Gaze-Tupfer
- ❖ Watte
- ❖ Textilgewebeband, mind. 5 cm breit (Tesa®)
- ❖ Vetawrep® (Selbstklebende Bandagen)

Flöhe

Die weiblichen Flöhe dieser blutsaugenden Insekten legen ihre Eier im Fell der Wirtstiere ab, die dann zu Boden fallen und sich so an den Lagerplätzen der Hunde ansammeln. Die aus den Eiern entstehenden Flohlarven entwickeln sich zu Flohpuppen, aus denen schlussendlich die Flöhe schlüpfen. Die Flohlarven ernähren sich vom Flohkot, erwachsene Flöhe saugen hingegen Blut.

Insbesondere bei langhaarigen Hunden sind die schnell durch das Fell springenden Flöhe schwer zu entdecken. Einen Hinweis auf Flohbefall erkennt man an dem im Fell verbleibenden Flohkot (ca. 3mm lange strangartige, braun bis schwarze Flohkotstreifen). Geben Sie den Flohkot mit einem Tropfen Wasser auf ein Papiertaschentuch und zerdrücken Sie ihn. Jetzt kann man am Rand eine rotbraune Färbung erkennen, die durch den hohen Blutanteil des Flohkots entsteht, wenn der Flohkot sich im Wasser löst.

Extremer Flohbefall führt zu Hautentzündungen, wobei schon ein einziger Flohbiss bei manchen Hunden genügt, um starken Juckreiz und unter Umständen sogar Ekzeme auszulösen.

Der Floh ist ein Zwischenwirt des Gurkenkernbandwurms. Die Hunde nehmen über ihre tägliche Fellreinigung infizierte Flöhe auf und verschlucken sie dann. Die im Floh enthaltenen Jungstadien entwickeln sich im Darm zu erwachsenen Bandwürmern, weswegen Hunde im Rahmen der Flohbekämpfung auch ein Mittel gegen Bandwürmer bekommen sollten.

Die Flohbehandlung am Hund kann durch Kämmen mittels speziellen Flohkämmen, Puder oder auch Sprays vorgenommen werden; auch spezielle Medikamente wie Spot-On-Präparate (Auftragen einer Flüssigkeit auf einer Stelle des Körpers) dienen einer systematischen Behandlung. Das Flohgift gelangt so ins Blut der Hunde und wird dann beim Saugen der Flöhe aufgenommen. Allerdings sollten Hunde, die so behandelt wurden, vorübergehend nicht mit Kindern in Kontakt kommen.

Auch sollten die heranwachsenden Flöhe aus der Umgebung entfernt werden. Beim regelmäßigen Staubsaugen und Waschen der Decken werden die Eier, Larven und Puppen weitgehend entfernt. Bei starkem Flohbefall in der Wohnung kann ein im Handel erhältliches Floh-Insektizid eingesetzt werden (Denken Sie dabei auch an das Auto).

Darmparasiten

Leider sind viele Hunde von Darmparasiten befallen. Spulwürmer (5-18 cm lang), Hakenwürmer (0,5-1 cm lang), Bandwürmer (2mm-5m lang) und Kokzidien (Einzeller) stellen aufgrund der umfangreichen Infektionsmöglichkeiten eine permanente Gefahr für die Hunde dar.

Die Hunde nehmen dabei die Parasiten beim Schnüffeln vom Boden oder von anderen Hunden auf. Auch eine Infizierung über Flöhe oder nach dem Verzehr von rohem Fleisch ist möglich.

Da es immer noch kein Medikament gibt, dass alle Darmparasiten gleichzeitig töten kann, garantiert eine regelmäßige Entwurmung noch lange keine Wurmfreiheit. Deshalb sollten Sie ein- bis zweimal jährlich eine Kotprobe ihres Hundes beim Tierarzt untersuchen lassen. Ausgewachsene Würmer legen Eier, die dann im Hundekot mikroskopisch nachgewiesen werden können. Aufgrund des Untersuchungsbefundes kann dann eine gezielte medikamentöse Behandlung durchgeführt werden. Sollte der Befund negativ ausgefallen sein erübrigt sich natürlich auch die Wurmkur.

Eine Ausnahme bildet allerdings der Bandwurm, da sie oftmals aufgrund ihrer Lebensweise auch unter dem Mikroskop nicht erkannt werden können. Deshalb kann es sinnvoll erscheinen, dass Hunden regelmäßig ein gut verträgliches Medikament gegen Bandwürmer verabreicht wird.

Auch für die Menschen stellt eine Bandwurm-Infizierung ein Gesundheitsrisiko dar; vor allem der Hundebandwurm und der Fuchsbandwurm, der auch Hunde befällt, seien hier erwähnt. Alleine schon der Kontakt mit einem wurmbefallenen Tier kann eine Ansteckung nach sich ziehen.

Wichtig:

❖ Ein Darmparasitenbefall kann oft längere Zeit ohne äußeres Anzeichen verlaufen

❖ Ein Darmparasitenbefall ist mit bloßem Auge meist nicht feststellbar

V. Erziehung und Ausbildung

1. Grundlagen

Zum reibungslosen Zusammenleben zwischen Hund und Mensch gehört eine frühzeitig begonnene Hundeerziehung, bei der Ihr Liebling lernt, bestimmte Regeln zu beachten. Die einzelnen Übungen müssen mit viel Geduld und vor allem konsequent von Ihnen durchgeführt werden, wobei möglichst ohne großen Druck, aber mit viel freundlichen Worten und Belohnungen gearbeitet wird.

Es ist wichtig dass Sie bereits mit Ankunft des Welpen (im Idealfall in der 8. Lebenswoche) mit den Übungen beginnen. Bis etwa zum 10. Monat können Sie alle Übungen als Vorstufe der endgültigen Erziehung betrachten, sozusagen eine Art „Belehrungszeit". Das heißt aber auch, dass Sie sich die nächsten 8 Monate täglich mindestens 30 bis 60 Minuten Zeit für ein spielerisches Erziehen Ihres Welpen nehmen müssen. Viel Geduld, ein großes Verständnis und ein konsequentes Handeln ist jetzt von Ihnen gefordert. Richtiges Verständnis bedeutet, sich in die Denkweise der Hunde  hineinzuversetzen. Hunde befolgen von Geburt an bestimmte Spielregeln des Zusammenlebens und erwarten von den Menschen, dass sie sich auch an die „Hunde-Rudel-Regeln" halten.

Denken Sie immer daran, dass Sie der oberste Hunderudelführer sind und verhalten Sie sich entsprechend so, wie es Ihr Vierbeiner erwartet, um Verhaltensmissverständnisse auszuschließen.

Grundsätzlich beenden Sie keine Übung, bevor Sie Ihr Hund nicht zu Ende gebracht hat. Loben Sie Ihren Hund für jeden noch so kleinen Erfolg mit seinem Lieblingsspielzeug, mit Leckerlis, mit Ihrer Stimme. Üben Sie anfangs nie mehr als ein paar (5) Minuten am Stück, da sich der Kleine gar nicht länger konzentrieren kann. Beenden Sie jede Übungseinheit immer nur mit einem Erfolgserlebnis für Mensch und Hund.

Wenn Sie ihn einmal bestrafen müssen, dann niemals zu stark, damit der Welpe nicht sein Selbstvertrauen verliert. Die Härte der Strafe war richtig, wenn der Kleine anschließend seine Anhänglichkeit und sein Vertrauen in uns durch Lecken der Hand oder durch einen kleinen Schnauzenstüber bezeugt.

Insbesondere in der 12. - 16. Lebenswoche begreift der Welpe sehr schnell, dass Loben, Streicheln und erhaltene Leckerlis Belohnungen für gutes Verhalten sind, das heißt für Tätigkeiten, die er darf und im Gegenzug hierzu Bestrafungen für ein Benehmen, dass er zu unterlassen hat.

Gerade in dieser Entwicklungszeit sucht er direkt nach einer autoritären Unterordnung, die Sie auf keinen Fall verpassen sollten.

2. *Welche Befehle sollte mein Hund können?*

Insbesondere für große Hunde ist eine gute Kinderstube unabdingbar. Und ein Rottweiler ist ein großer Hund, der die grundlegenden Gehorsamsbefehle kennen und befolgen sollte. Eine Beschreibung der verschiedenen Möglichkeiten des Erlernens der Kommandos würde den Rahmen dieses Buches bei weitem sprengen. Im Fachhandel sind unzählige Bücher über das Thema Ausbildung und Erziehung erhältlich.

Folgende Kommandos sollte Ihr Rottweiler dann einmal beherrschen:

- ❖ **Komm bzw. Hier:** Herankommen zum Hundeführer

- ❖ **Sitz:** Sofortiges Hinsetzen

- ❖ **Platz:** Sofortiges Hinlegen

- ❖ **Fuß:** Laufen an der linken Beinseite des Hundeführers

- ❖ **Nein bzw. Pfui:** Sofortiger Abbruch der gerade gestarteten Aktion

- ❖ **Aus:** Sofortiges Fallenlassen von Gegenständen aus dem Maul

- ❖ **Steh:** Stehen bleiben ohne Bewegung

- ❖ **Bleib:** Verbleiben am momentanen Platz in beliebiger Position

- ❖ **Hopp:** Sprung über oder auf ein Hindernis

- ❖ **Ab bzw. Lauf:** Entlassen des Hundes aus der jeweils ausgeführten Position

- ❖ **Ruhig:** Einstellen jeglichen Bellens oder Fiepens

- ❖ **Gib Laut:** Bellen auf Kommando

Geeignete Hundespielsachen:

Ihr Hund sollte grundsätzlich immer seine eigenen Spielsachen bekommen. Durch den Eigengeruch und aufgrund der Unverwechselbarkeit der Spielgeräte ist für den Hund ein Verwechseln mit anderen Gegenständen (z.B. Spielsachen Ihres Kindes) ausgeschlossen. Im Hundezubehörhandel gibt es vielfältige Möglichkeiten: Zur Unterstützung des Fang- und Apportiertriebs Bälle aller Art (Büffelhautball, Wurfball, Frisbee, Kong, Massage-Igelbälle). Ein in einen alten Socken eingewickelter Tennisball wird von allen Hunden gerne angenommen. Ziehgeräte und Seile eignen sich vorzüglich für ein immer spannendes Tauziehen und ist auch als Spielgerät für zwei Hunde geeignet, sofern beide Hunde gutmütig sind und normales Spielen in ihrer Sozialisierungsphase gelernt haben. Stofftiere wählen Sie sorgfältig aus: Sie sollten robust sein und möglichst keine scharfkantigen Hartplastikteile enthalten (z.B. Augen, Nase).

Ungeeignete Hundespielsachen:

Tennisbälle schaden den Zähnen, da die Hunde gerne permanent darauf rumkauen; zudem ist ein Verschlucken möglich. Stöcke sind gefährlich, da sie sich beim Laufen in den Rachen bohren können. Sektkorken, Pfirsichkerne, Nüsse können leicht zu einem Darmverschluss und einer Notoperation führen. Geben Sie Ihrem Hund keine alten Schuhe: Wie soll er verstehen, dass er Ihre neuen Schuhe in Ruhe lassen soll? Plastikverpackungen und Tüten sind tabu, denn Ihr Hund kann darunter ersticken. Unterbinden Sie den Jagdtrieb auf Bienen, da ein Stich in den Rachen lebensgefährlich für Ihren Hund sein kann. Gestatten Sie Ihrem Kleinen auf keinen Fall seine Näpfe zu schubsen, denn sonst wird er sie bald fröhlich durch die ganze Wohnung schieben.

3. Weiterführende Ausbildung: Die VDH - Leistungsprüfungen

Wenn Sie mit Ihrem Rottweiler ernsthaft weiterarbeiten möchten können Sie sich hier schon einmal über die Leistungsprüfungen des VDH informieren.

Vor der Teilnahme an einer Schutzhund- (SchH 1-3) oder Fährtenhundprüfung (FH 1-2) ist die erfolgreiche Ablegung der Begleithundeprüfung (BH) erforderlich.

Begleithundeprüfung (BH)

Zulassungsalter: 12 Monate

❖ Leinenführigkeit
Mit durchhängender Leine, Hund links in Kniehöhe, sind verschiedene Gangarten, 90°-Winkel nach Rechts und Links sowie Kehrtwendungen, Grundstellung (Hund setzt sich beim Halten möglichst schnell links neben seinen Hundeführer ohne Hörzeichen hin) auszuführen. Zudem muss durch eine Gruppe sich bewegender Menschen gegangen werden, während mindestens einmal die Grundstellung gezeigt werden muss.

❖ Freifolge
Siehe Leinenführigkeit, jedoch mit abgeleinten Hund. Zudem werden mindestens 2 Schüsse aus einer Schreckschusspistole aus ca. 15 Meter Entfernung zur Prüfung der Schussfestigkeit abgegeben.

❖ Sitz aus der Bewegung
In der normalen Gangart wird der Hund mit „SITZ" zum sitzen gebracht. Der HF läuft ca. 30 Schritte weiter und dreht sich dann um. Nach ca. 30 Sekunden geht der HF wieder zu seinem Hund und holt ihn ab.

❖ Platz aus der Bewegung und Herbeirufen
Wie beim „SITZ" wird der Hund aus der Bewegung ins Platz gebracht. Anstelle des Abholens wird der Hund mit „HIER" zum HF gerufen.

❖ Ablegen unter Ablenkung
Während ein zweiter Hundeführer die vorstehenden Aufgaben absolviert liegt der Hund abgeleint ab. Der HF steht ca. 30 Schritte entfernt mit dem Rücken zum Hund.

❖ Verhalten im Straßenverkehr
Der HF geht auf einem normalen Gehweg bzw. Straße mit dem angeleinten Hund, während ein Jogger und ein dicht mit Klingeln vorbeifahrender Radfahrer den Weg schneiden.

Der Hund muss sich gegenüber den Menschen und dem Verkehr gleichgültig verhalten.

❖ Erschwerte Bedingungen
Bei stärkerem Fußgängerverkehr muss der HF zweimal anhalten und den Hund einmal setzen und einmal platzen lassen. Der Hund soll sich trotz ungewöhnlichen Geräuschen (Bahn etc.) ruhig verhalten.

❖ Verhalten gegenüber Tieren / Kurzfristig angeleinter und alleingelassener Hund
Der Hund wird an einem Zaun o.ä. angebunden und kurzfristig alleingelassen (HF muss außer Sicht gehen), während ein zweiter Hund vorbeikommt. Der angeleinte Hund soll sich die ganze Zeit ruhig verhalten und darf nicht aggressiv auf den anderen Hund reagieren.

Schutzhund 1 (SchH 1)

Zulassungsalter: 18 Monate

❖ Fährte
Der Hund muss eine ca. 400 Schritt lange und etwa 20 Minuten alte Fährte des Hundesführers nach zwei Gegenständen absuchen. Der Hund muss die Gegenstände dem HF anzeigen, entweder durch Verharren vor den Gegenständen oder durch apportieren.

❖ Unterordnung
Leinenführigkeit, Freifolge, Sitz und Platz aus der Bewegung, Ablegen unter Ablenkung. Zusätzlich muss noch ein Apportiergegenstand auf ebenem Gelände sowie nach einem Hin- und Rücksprung über eine Hürde (1 m) apportiert werden. Außerdem wird der

Hund nach einigen Schritten in der normalen Gangart „Voraus" geschickt, während der Hundeführer stehen bleibt. Auf „PLATZ" hat sich der Hund dann hinzulegen.

❖ Schutzdienst
Hier wird die Belastbarkeit, Nervenfestigkeit und Selbstsicherheit des Hundes überprüft. Der Hund sollte zudem eine ausgeglichene Triebveranlagung und ein natürliches Aggressionsverhalten an den Tag legen. Der Schutzdienst wird in drei Phasen unterteilt:

Streife (Umrunden von Verstecken) und Stellen (Verbellen des gefundenen Helfers), Kampfhandlungen (Verteidigungsbereitschaft bei Angriff, Belastungsfähigkeit, Ablassen vom Helfer und Bewachung) und die Führigkeit (HF/Hund-Beziehung; der Hund muss in allen Phasen des Schutzdienstes gehorsam sein).

Schutzhund 2 (SchH 2)

Zulassungsalter: 19 Monate

❖ Fährte
Der Hund muss eine ca. 600 Schritt lange und etwa 30 Minuten alte Fährte eines Fremden nach zwei Gegenständen absuchen, die er dem HF anzeigen muss (wie Fährte bei SchH 1).

❖ Unterordnung
Zusätzlich zur SchH 1-Prüfung muss noch ein Apportierholz nach einem Hin- und Rücksprung über eine 1,80m hohe Kletterwand apportiert werden.

❖ Schutzdienst
Ähnlich SchH 1

Schutzhund 3 (SchH 3)

Zulassungsalter: 20 Monate

❖ Fährte
Der Hund muss eine ca. 800 Schritt lange und ca. 1 Stunde alte Fremd-Fährte nach 3 Gegenständen absuchen, die er der dem Hundeführer anzeigen muss (wie SchH 1/2)

❖ Unterordnung
Im Vergleich zur SchH 2-Prüfung entfällt die Leinenführigkeit. Der Hund muss zusätzlich beim Kommando „STEH" aus der Bewegung stehen bleiben

❖ Schutzdienst
Ähnlich SchH 1

Fährtenhundprüfung 1 (FH 1)

Zulassungsalter: 16 Monate

❖ Der Hund muss eine etwa 1000-1400 Schritt lange und ca. 180 Minuten alte Fremd-Fährte nach 4 Gegenständen absuchen, die er dem Hundeführer anzeigen muss (wie SchH 1). Die Fährte muss auf unterschiedlichem Gelände ausgelegt werden.

Fährtenhundprüfung 2 (FH 2)

Zulassungsalter: 20 Monate

❖ Der Hund muss eine ca. 2000 Schritt lange und ca. 180 Minuten alte Fremdfährte mit einer 30 Minuten alten kreuzenden Verleitungsfährte nach 7 Gegenständen absuchen und anzeigen (wie SchH 1). Die Fährte muss auf unterschiedlichem Gelände gelegt sein. Vorraussetzung ist eine bestandene FH 1-Prüfung.

Ausdauerprüfung (AD)

Zulassungsalter: 16 Monate

❖ Der angeleinte Hund muss rechts neben dem Fahrrad in einem Tempo von 12 bis 15 km/h laufen. Zwei Pausen (15 Minuten nach 8 km, 20 Minuten nach 15 km) sind dabei einzuhalten.

Wachhundprüfung (WH)

Zulassungsalter: 12 Monate

❖ Neben den Unterordnungsübungen (siehe BH – Prüfung) muss der Hund einen Gegenstand auf Kommando holen, einen Gegenstand auf Kommando bewachen, einen sich dem Gelände nähernden Helfer verbellen und seinen Hundeführer in einer Menschengruppe finden.

Rettungshund-Tauglichkeitsprüfung (RTP)

Zulassungsalter: 14 Monate

❖ Konditionsüberprüfung
Entweder bestandene AD – Prüfung oder aber Nachweis über eine Prüfung mit 10 km Traben in höchstens 70 Minuten.

❖ Fährte
Der Hund muss auf einer ca. 600 - 700 Schritt langen und mindestens 30 Minuten alten Fremdfährte 2 Gegenstände finden und anzeigen (wie SchH 1)

❖ Unterordnung

Freifolgen, Gehen durch Personengruppen mit heftig gestikulierenden Menschen, Übersteigen von drei unterschiedlich hohen Hürden (30-40 cm), Gehen über eine ca. 4,50 m lange und etwa 40 cm breite, mit Kies bestreute Holzbohle, die ca. 40 cm vom Boden absteht.

Ablegen unter Ablenkung, Unbefangenheit gegenüber Störgeräuschen wie Schüssen.

Agility

Die dem Reitsport nachempfundene Hundesportart Agility wurde in England erfunden und erfreut sich mittlerweile auch in Deutschland immer größerer Beliebtheit.

Ziel ist das möglichst fehlerfreie Durchlaufen eines Geräteparcours in der schnellst-möglichen Zeit. Neben der körperlichen Eignung sollte der Hund demnach auch über eine gewisse Grundschnelligkeit verfügen.

Auf vielen Hundeplätzen wird die Hundesportart Agility angeboten, wo Sie bei Trainern zuerst einmal regelmäßig mit Ihrem Rottweiler üben können, bevor Sie dann an den Wettkämpfen teilnehmen können. Warten Sie aber unbedingt bis zur HD-Röntgenauswertung bevor Sie mit dem richtigen Agilitytraining beginnen, da Sie ansonsten bei einem eventuell positiven Befund die Gelenke Ihres Hundes durch diese anspruchsvolle Sportart nur schädigen könnten.

Agility kann sehr viel Spaß bereiten und die gegenseitige Bindung Hund/Mensch fördern.

Gemeinsam mit Ihrem Rottweiler muss ein mit 12-20 Hindernissen aufgebauter Parcours bewältigt werden. Da der Parcours immer verschiedenartig aufgebaut wird, stellt dies immer eine neue Herausforderung für das Team dar. Sie müssen immer vorausdenken und Ihren Hund mit Zurufen und Sichtzeichen möglichst fehlerfrei und schnell durch den Parcours leiten.

Die Agility – Hindernisse

Hürden	Weitsprung	Steg	Wippe	Slalom
Tisch	Reifen	Sacktunnel	Schrägwand	Mauer
Anhaltezone	Wand	Fester Tunnel	Kavalettis (Kleinhindernisse)	

Turnierhundesport

Schon vor 25 Jahren wurde der Turnierhundesport (THS) nach langen Versuchen, ausgehend vom Südwestdeutschen Hundesportverband (swhv), aus der Taufe gehoben.

Heute ist der Turnierhundesport ein fester Bestandteil der Hundesportvereine; er spricht nahezu alle Hundehalter, gleichgültig, welchen Hund sie besitzen, an und bietet eine ideale Möglichkeit, sich spielerisch auf sportlicher Ebene mit seinem Hund zu beschäftigen. Es ist ein Sport für die ganze Familie; sein betont lockerer Aufbau eignet sich hervorragend für Einsteiger, insbesondere auch für Jugendliche und Kinder, die hierbei neben der körperlichen Betätigung das Wettkampferlebnis erleben und lernen, mit Erfolg und Niederlage umzugehen.

Bei den Disziplinen Vierkampf, Geländelauf, Hindernislauf und CSC (Combinations Speed Cup) sind von Hundeführer und Hund Konzentration und Aktivität gefordert:

Vierkampf

Gehorsamsübungen: Leinenführigkeit, Freifolge, Sitz- und Platzübungen

Hürdenlauf: Auf einer 50 Meter langen Strecke werden drei Hürden platziert, die vom Hund und Hundeführer parallel übersprungen werden müssen

Slalom: Sieben Tore aus jeweils zwei Stangen werden auf einer 75 Meter langen Strecke im Zick-Zack aufgestellt und vom Team Hund/Mensch durchlaufen

Hindernisbahn: Auf einem 75 Meter langen Parcours werden acht Hindernisse aufgestellt, die vom Hund übersprungen, überlaufen oder durchlaufen werden.

Für besonders begabte Hunde wird auch ein etwas schwierigerer Vierkampf II angeboten.

Geländelauf

Der Hund läuft angeleint mit seinem Hundeführer eine 2000 oder 5000 Meter lange Strecke.

Hindernisbahn:

Siehe Vierkampf, jedoch werden bei Hunden > 50cm Schulterhöhe drei Hindernisse höher gestellt.

CSC (Combinations Speed Cup)

Der CSC ist ein Kombinationslauf für Mannschaften (3 Läufer) und Einzelwettbewerbe. Er setzt sich aus den drei Laufdisziplinen des Vierkampfes, erweitert um zwei Geräte, zusammen.

VI. Ausstellungen

1. Warum Ausstellungen?

Natürlich ist für jeden Hundebesitzer sein Hund der schönste und beste Hund. Sollten Sie aber ein besonders schönes Exemplar erwischt haben wird Sie Ihr Züchter garantiert „bearbeiten", dass Sie doch bitte an einer Ausstellung teilnehmen sollen. Für den Züchter ist eine erfolgreiche Nachzucht extrem wichtig, schließlich geht es um seinen guten Ruf als Züchter erstklassiger Rottweiler. Entsprechende Ausstellungserfolge seiner Nachzucht erleichtern ihm seine zukünftigen Wurfplanungen ganz erheblich. Er selbst wird auch regelmäßig mit seinen Zuchthunden an Ausstellungen teilnehmen, da ein Hund mit Titeln an Wert gewinnt und dadurch dessen Nachkommen auch gefragter sein werden.

Betrachten Sie solche Zuchtschauen als sportliche Veranstaltung und denken Sie immer daran, dass es nur einen Sieger geben kann. Auch die weiteren Platzierungen mit einem guten Richterbericht sind ein schöner Erfolg, und beachten Sie: Ihr Hund bekommt ein „vorzüglich" oder „sehr gut" und nicht Sie! Es geht ausschließlich um die Hunde und deren Anatomie, Wesen und Charakter und inwieweit der Rassestandard der Rottweiler in Ihrem Exemplar besonders gut wiederzufinden ist.

Eine Ausstellung kann eine tolle Sache für Hund und Mensch sein: er trifft genügend Artgenossen und Sie eine Menge gleichgesinnter Hundeführer. Sollten Sie jedoch feststellen, dass Ihr Hund keinerlei Gefallen an solchen Veranstaltungen findet oder gar ängstlich und scheu reagiert, sollten Sie zukünftig auf Zuchtschauen verzichten. Setzen Sie Ihren Hund nicht unnötigem Stress aus, nur um Ihren Wandschrank mit schönen Pokalen füllen zu können!

2. Die erste Ausstellung

In einem Meldeformular muss neben den Angaben zum Hund, Zuchtbuch und Besitzer auch die Klasse eingetragen werden, in der gestartet werden soll. Gerichtet wird in verschiedenen, dem Alter des Hundes entsprechenden Richterklassen und jeweils getrennt nach Rüden/Hündinnen:

Jüngstenklasse, Jugendklasse, Offene Klasse bzw. Altersklasse, Gebrauchshundeklasse, Championatsklasse bzw. Siegerklasse.

Und dann muss natürlich noch die Meldegebühr (ca. DM 50,-- bis DM 60,--) bezahlt werden. Meist ist es finanziell etwas ungünstiger wenn Sie erst auf der Ausstellung melden. Außerdem erscheinen Sie bei so später Meldung auch nicht in dem jeweiligen Zuchtausstellungskatalog.

Zur Ausstellung benötigen Sie dann auf jeden Fall noch den Impfpass Ihres Hundes sowie seine Original-Ahnentafeln.

Im übrigen braucht Ihr Hund generell erst einmal keinerlei Kenntnisse oder Voraussetzungen, um an einer Ausstellung teilzunehmen. Spätestens ab der Offenen Klasse sollte Ihr Hund aber in der Lage sein, sich ruhig stehend dem Richter zu präsentieren und auch auf Befehle sicher reagieren.

Am Ausstellungstag selbst versuchen Sie so gelassen wie möglich zu sein. Wenn Sie aufgeregt wie ein Rennpferd vor dem Derby hin und her springen wird sich das garantiert auf Ihren Liebling übertragen und sicher nicht zu einer relaxten Vorstellung beitragen.

Wenn Ihr Hund womöglich auf dem obersten Treppchen stehen sollte:

Gratulation, freuen Sie sich mit ihm. Sollte es nicht so gut gelaufen sein, seien Sie bitte nicht verärgert. Auf solchen Ausstellungen werden Sie sicher nur schöne Hunde finden und vielleicht klappt es ja beim nächsten Mal.

Und denken Sie immer daran: Das wichtigste Element an der Ausstellung sollte der Spaßfaktor sein – und zwar bei Hund und Mensch!

Das Hunde - ABC

Ausschlafen

Streichen Sie das Wort aus Ihrem Vokabular. Als stolzer Besitzer eines unternehmungslustigen Rottweilers mutieren Sie blitzschnell zum Frühaufsteher. Aber alles hat auch eine gute Seite: Sind Sie bisher qualvoll aus dem Bett gestiegen und haben Ihr Frühstück in Form einer Tasse Kaffe zu sich genommen werden Sie sich ab jetzt immer auf ein ausgiebiges Frühstück nach einem langen und erlebnisreichen Morgenspaziergang freuen.

Begrüßung

Von nun an werden Sie immer freudig begrüßt, auch wenn Sie nur ein paar Minuten weg waren Rottweiler vollführen beim Wiedersehen wahre Freudentänze – der größte Spaß ist das Hochspringen, wenn Sie gerade Ihr bestes Kleidungsstück tragen.

Cabrio

Ihre Begeisterung für das Flanieren in der offenen Limousine neigt sich dem Ende zu und Sie werden Ihr schnittiges Cabrio gegen einen praktischen Kombi eintauschen - ein Rottweiler fährt am liebsten in einem geräumigen Wagen zu den Spaziergängen und Sie werden froh sein, wenn Ihr Liebling nach einem aufregenden Regenausflug seinen eigenen, abgeteilten Platz im Auto hat.

Duschen

Die meisten Hunde sind Wasserratten, und das in jeder Beziehung. Zukünftig werden Sie „gemeinsam" mit Ihrem Hund in der Badewanne duschen, wenn die Güllefelder mal wieder so verführerisch gerochen haben .

Einbrecher

Ihre Angst vor Einbrecher wird sich legen - Rottweiler sind sehr aufmerksame Tiere, denen absolut nichts entgeht. Die Kosten für eine Alarmanlage können Sie in einen zweiten Hund investieren, und schon haben Sie Ihr Abschreckungspotential verdoppelt.

Förster

Zukünftig werden Sie die Männer in Grün in ganz anderem Licht sehen – ob Jäger oder Förster, spannende Konversationen sind Ihnen garantiert, wenn Ihre reißerische Bestie mal wieder einer verführerisch duftenden Wildspur folgt.

Gummistiefel

Wenn Sie nicht gerade Angler sind werden Sie bald auf der Suche nach Ihrem ersten Paar eigener komfortabler und vor allem absolut wasserdichter Gummistiefel sein – gehen Sie davon aus, das es immer dann aus Kübeln schüttet, wenn Sie gerade mit Ihrem Hund aus irgendeinem Grund über eine knochentiefe Wiese laufen müssen.

Haare

Haben Sie bisher Ihren Staubsauger alle vier Wochen im Keller gesucht wird sich das schlagartig ändern – zukünftig steht Ihr treuer Helfer griffbereit in einer Kammer im Wohnbereich, damit Sie regelmäßig die hübsche und im ganzen Haus verteilte Haarpracht aufsaugen können.

Illusion

Wenn Ihnen jemand erzählt hat, dass ein Rottweiler immer ein schönes und sauberes Fell hat: Vergessen Sie es und geben Sie sich keiner Illusion hin – auch wenn die Selbstreinigungskraft des Felles enorm hoch ist, es wird seine Zeit dauern, bis ein „Bad" im Misthaufen wieder vergessen ist.

Jaulen

Jaulen und Fiepen – wenn ein kleiner Rottweiler-Welpe etwas gut kann, dann das. Bald werden Sie verstehen, dass er nicht krank ist, sondern mit allem Nachdruck um Aufmerksamkeit bettelt, da er doch so gerne mit einem anderen Hund spielen möchte oder aber er gar nicht verstehen kann, warum Sie gerade jetzt auf die Toilette müssen und er soooo lange vor der Tür warten muss.

Küche

Der absolute Lieblingsort der Hunde – Sie werden auf Schritt und Tritt verfolgt und nicht mehr aus den Augen gelassen, bis etwas Verwertbares abgestaubt oder „zufällig" auf dem Boden gefunden wurde.

Leine

Sie werden neue Kleiderhaken anbringen: 1m-Leine, Ausgehleine, Übungsleine, Feldleine, Joggingleine und für den Besuch bei den Verwandten dann auch noch die feine Lederleine. Ihrem Hund ist es übrigens die Leinenwahl völlig egal: Er wird Sie so oder so mit Begeisterung hinter sich herziehen.

Meer

DER Platz für Ihren Rottweiler – er wird am Strand garantiert nicht müde und Sie werden vielleicht hinter ihm herschwimmen müssen, um ihn zum Herauskommen zu überreden. Ihm macht die Jahreszeit übrigens nichts aus, Ihnen vielleicht schon: Nord- und Ostsee können im Dezember etwas kühl sein.

Nachbarn

Ab sofort werden Sie sich wundern, wie viele Nachbarn bei Ihnen leben – zukünftig werden Sie in viele Konversationen rund um Ihren neuen Rottweiler verwickelt. Dadurch lernen Sie viele neue Leute kennen; früher haben die gleichen Menschen nicht mal gegrüßt.

Ochsenziemer

Obwohl bisher gänzlich unbekannt, werden Sie nun zielstrebig zum Kenner der Hundeleckerbissen und werden so Ihren Einkaufswagen mit Leckereien wie Ochsenziemer und Rinderohren komplettieren.

Prüfungen

Ein Rottweiler ist ein vielseitiger Hund und will beschäftigt werden. Richten Sie sich also schon einmal auf das Ablegen diverser Prüfungen ein: Ob Begleithunde-, Fährtenhund- oder Schutzhundprüfung; ob Agility, Mobility oder Turnierhundesport: alles ist möglich!

Qual

Kommt Qual von Qualität oder von quälen? Egal, Ihr Leben wird trotz vieler qualvoller Regenmärsche mit Ihrem neuen Freund eine ganz andere Qualität erhalten.

Rennhund

Ihr Rottweiler ist ein schneller Hund – und schon spielen Sie mit dem Gedanken, ob es nicht möglich wäre, ihn an einem Windhund-Rennen teilnehmen zu lassen.

Schweinehund

Eigentlich haben Sie ja einen Rottweiler – spätestens nach dem ersten Matschgefecht mit dem befreundeten Berner Sennenhund im Acker Ihres Lieblingsbauern werden Sie nicht mehr auf direktem Weg durch die Stadt nach Hause gehen, um nicht jedem den Anblick Ihres Schweinehundes zu gönnen.

Tennisball

Bisher haben Sie nur Boris und Steffi bewundert, jetzt wird Ihr Interesse für die kleinen, gelben Bälle erst richtig geweckt: Zukünftig gehören Tennisbälle zu Ihrer Grundausstattung.

Urlaub

Malediven, Seychellen und die USA kennen Sie ja schon – jetzt haben Sie endlich die Gelegenheit, Deutschlands Küsten und Berge kennen zu lernen. Ihr Rottweiler wird begeistert mit Ihnen im Auto in Urlaub fahren.

Vertreter

Das Thema wird sich von selbst erledigen – zukünftig werden Sie sich wundern, warum Ihnen keiner mehr Bürsten, Zeitungen oder Staubsauger an der Haustür verkaufen will.

Wasserratte

siehe Duschen, Gummistiefel, Meer etc.

X-MAS

Auch Hunde mögen Weihnachten → siehe unten.

Yaaaaaaahhhhhooooooooo

So oder so ähnlich werden Sie mit Begeisterung Ihrer Freude Ausdruck geben, wenn Ihre Rottweilerhündin voller Stolz zum ersten Mal Mutter wird.

Zeit

Machen Sie sich nichts vor - mit der Übernahme Ihres neuen Rottweilers beginnt eine neue Zeitrechnung und nichts wird mehr wie vorher sein.

Wenn wir Hunde etwas können dann die **Begrüßung.** Egal, ob Herrchen einen Tag weg war oder auch nur zwei Minuten im Keller gewesen ist: Meine Begrüßung ist immer gleich, nämlich stürmisch, stürmisch, stürmisch. Ich laufen zwar grundsätzlich zu allen Menschen freudestrahlend und schwanzwedelnd hin (Mein Herrchen ist beim Spaziergang immer ganz aus dem Häuschen und murmelt etwas von "ängstlichen Menschen"), aber am meisten strenge ich mich bei den Menschen an, die ich von Anfang an kenne: Neben meinem Herrchen und Frauchen sind das mein Freund Dirk mit seiner Iris, die Eltern meines Frauchens, meine Nachbarin und natürlich mein Tierarzt. Ach, fast hätte ich es vergessen: Kinder werden natürlich auch voller Freude begrüßt, ganz egal wie alt sie auch sind.

Der Jahreswechsel

An **Weihnachten** hat der Christbaum seinen besten Platz auf einem Tisch. Sollte dies nicht möglich sein, müssen auf dem Boden stehende Bäume unbedingt so gut gesichert sein, dass der Weihnachtsbaum durch ein eventuelles Anspringen des Hundes nicht umfallen kann.

Der Weihnachtsschmuck muss für den Hund unerreichbar angebracht sein; verzichten Sie auf Lametta und Kerzen – eine sinnvoll angebrachte elektrische Beleuchtung ist auch sehr romantisch und vor allem viel sicherer. Brennen Sie keine Wunderkerzen ab, denn die sprühenden Funken können Ihren Hund verletzen.

Für Ihren Hund gelten an Weihnachten die gleichen Gesetze, denn Ausnahmen würde er nicht verstehen. Verbieten Sie ihm, auch eventuell für ihn bestimmte Päckchen aufzureißen. Ansonsten können Sie davon ausgehen, dass er sein ganzes Leben lang begeistert die Pakete vom Briefträger entgegennimmt und sicherstellt, um sie dann genüsslich zu öffnen.

Das für Ihren Hund erste **Sylvesterfest** ist entscheidend für alle folgenden Jahreswechsel: Machen Sie etwas falsch, wird er zeitlebens Angst davor haben.

Gehen Sie vom 29.12. bis 2.1. nicht mit Ihrem Hund in die belebte Stadt, denn vereinzelt und unvermutet auftretende Knaller können fürchterliche Ängste in ihm auslösen. Lassen Sie ihn in dieser Zeit nicht unbeaufsichtigt im Garten, denn es gibt genug unvernünftige Unbepelzte, die es toll finden, einen Chinakracher in Richtung der Bepelzten zu werfen. Wenn Sie merken, dass Ihr Hund unsicher oder gar mit Angst auf Raketen und Heuler reagiert: Gelassen bleiben, ruhig weiter gehen, als wenn es das Normalste der Welt ist. Bemitleiden Sie ihren Hund auf keinen Fall, sondern lenken Sie ihn ab.

Am 31. fahren Sie am besten mit Ihrem Hund aufs Land und machen Sie ihn konditionell so richtig fertig. Zuhause lassen Sie die Jalousien früh herunter und stellen den Fernseher etwas lauter ein. Um Mitternacht lassen Sie am besten einen Hundevideofilm auf voller Lautstärke laufen – Hunde mögen Tierfilme und sind dann etwas von der Knallerei abgelenkt.
Auf keinen Fall lassen Sie Ihren Hund ins Freie und vor allem auch nicht alleine in der Wohnung.

Index

Wann uns „Hundewetter" bevorsteht:

Monat	1.	2.	3.	4.	5.	6.	7.	8.	9.	10.	11.	12.	13.	14.	15.	16.
Januar	Kalt und Schnee						Regen, in den Bergen Schnee						Frost			
Februar	Mild					Frost					Sonne		Wind und Schnee			
März	Nachtfrost, mild, regnerisch											Morgennebel				
April	Nachtfrost, Regen					Sonne					Wechselhaft, Schauer					
Mai	Wolkenlos, warm				Regen, kühl				Gewitter, warm					Sonne		
Juni	Trocken, windig					Sonne, warm						Unbeständig, kühler				
Juli	Trüb		Sehr warm, trocken, viel Sonnenschein													
August	Sommerwetter, trocken							Regen, warm					Rekord -			
September	Schönes Wetter, warm						Herbstlich kühl						Stürme			
Oktober	Freundlich, trocken, warm							Reif			Nachts kalt, Sonne					
November	Sonnig, mild								Morgennebel, Stürme							
Dezember	Schneefall					Mild, windig					Winterlich, kälter und					

Quellen: Das Wetter nach dem Hundertjährigen Kalender, Clubmaster Taschenkalender

Das Wetter nach dem Hundertjährigen Kalender

17. 18. 19. 20. 21. 22. 23. 24. 25. 26. 27. 28. 29. 30. 31.

Frost mit Schnee	Tauwetter und Stürme	**Januar**
Tauwetter	Dauerhaftes Winterwetter	**Februar**
Mäßig warm	Nasskalt	**März**
Reif	Unbeständig	Frühlingshaft	**April**
warm	Wind, kühler	Gewitter, schwül	**Mai**
Schwül, Gewitter	Sommerlich heiß	**Juni**
Regenwetter	Schwül, Hagel	Schönes Wetter	**Juli**
Hitze	Feuchte Schwüle, kühler	**August**
Sonnig, Nachtfrost	Regenschauer, kühl	**September**
Nebel, Schauer, windig, trübe, kühl	**Oktober**
Raureif	Wolkig, stürmisch	Kalt, erster Frost	**November**
trocken	Tauwetter	Dauerfrost	**Dezember**

Quellen: Das Wetter nach dem Hundertjährigen Kalender, Clubmaster Taschenkalender

Wie sich mein (unser) Leben mit einem Hund verändert hat

Ausschlafen wird zum Fremdwort, dafür nimmt die genaue Organisation des Tages und die Koordination der Zeiten für den Hundespaziergang deutlich mehr Raum ein.

Außerdem hat sich mein Äußeres verändert. Ich habe mir eine komplette Regenhaut zugelegt: Gummistiefel, Regenüberziehhose und wasserdichte Jacke. Farben, auf denen sich die Hundehaare so perfekt absetzten, sind ganz nach hinten in den Schrank gewandert. Beim Einkauf achte ich nun peinlichst darauf, ob sich Hundehaare leicht von der Oberfläche entfernen lassen und, wenn dies nicht der Fall ist, dass sie auf den gewählten Farben nicht so sehr auffallen. Zudem ziehe ich mich jetzt bis zu vier Mal pro Tag um. Berufskleidung - Freizeitkleidung - Hundekleidung - Ausgehkleidung.

Wie nützlich so kleine Haushaltshelfer wie Kleiderbürste und Fusselroller sind, kann ich erst jetzt abschätzen. Diese liegen in unmittelbarer Nähe der Haustür. Dort liegen auch ältere Handtücher, die bei Regen- und Matschwetter zum Einsatz kommen. Handtücher kann man übrigens nicht genug im Haus und im Auto haben. Unsere Waschmaschine läuft jetzt vermutlich doppelt so oft...

Auch der Staubsaugerbeutelverbrauch ist exorbitant gestiegen...

Nachträglich sollte es sich als Vorteil herauskristallisieren, dass wir sehr wenige Teppiche in den Wohnräumen haben. Doch auch Fliesen haben ihre Putztücken: Glatte Fliesen lassen sich eindeutig leichter reinigen als angeraute Kacheln.

Nicht ganz so glücklich bin ich mit den offenen Wohnzimmerschränken - auf lange Sicht werden wohl neue Schränke, nämlich geschlossene, Einzug halten.

Man sollte sich einer Tatsache bewusst sein: Der alte Freundes- und Bekanntenkreis teilt sich eindeutig in Hundefeinde, Personen, die Angst vor Hunden haben, und Hundefreunde. Doch die neu geschlossenen Freundschaften wiegen die Alten auf.

Sie sehen, vieles hat sich geändert, doch alleine ist man als Hundebesitzerin nie. Früher stand ich oft alleine in der Küche und habe das Essen zubereitet, heute habe ich eine „Küchenhilfe", die sich immer in den Vordergrund drängt und grundsätzlich, natürlich nur zu unserem Besten, Vorkosterin spielen möchte. Obwohl sie nichts abbekommt, Desha bleibt treu an meiner Seite.

Jutta

Adressen

Hauptgeschäftsstelle
Allgemeiner Deutscher Rottweiler-Klub e.V.
Südring 18, 32429 Minden
Tel. (0571) 50 40 40, Fax (0571) 50 40 444
e-Mail: ADRK-EV@T-Online.de

Verband für das Deutsche Hundewesen (VDH)
Westfalendamm 174
44141 Dortmund
Tel. (0231) 5 65 00-0

Fédération Cynologique Internationale (FCI)
12 Rue Leopold II
B-6530 Thuin, Belgien

swhv Südwestdeutscher Hundesportverband
Geranienstraße 8
73663 Berglen-Stöckenhof
Tel./Fax: 07195 / 7188

Internet

Allgemeiner Deutscher Rottweiler-Klub	http://www.adrk.de
VDH	http://www.vdh.de
SWHV	http://www.swhv.de
Suchhundestaffel Freiburg	http://www.suchhunde.de/
Fragen zum Thema Tiergesundheit? Bundesverband Tierärzte	http://www.tieraerzteverband.de
Spezialreisebüro für den Urlaub mit Hund	http://www.flughund.de
Welpen-Prägungsspieltage	http://www.welpen-praegungsspieltage.de

Texte: Klaus Hinrichsen

Umschlag: Klaus Hinrichsen

Fotos: Klaus Hinrichsen

Clipparts: Die Veröffentlichung aller Clipparts erfolgte mit freundlicher Genehmigung der Nova Media Verlag GmbH. © Nova Media Verlag GmbH.

Hinrichsen, Klaus
Mein erster Rottweiler
ISBN 3-8311-0533-2
Alle Rechte vorbehalten
© August 2000

***

Libri Books on Demand
ISBN 3-8311-0533-2
Printed in Germany

... das Allerletzte

Tierpension am Flughafen

Fliegende Hundebesitzer können ihre vierbeinigen Freunde jetzt in einer Tierpension am Frankfurter Flughafen zurücklassen. Wie die Flughafengesellschaft FAG mitteilte, werden die Hunde tage- oder wochenlang professionell versorgt und in Zwingern artgerecht gehalten. Die Pension kostet knapp 20 Mark täglich „und eine Pauschale von 30 Mark für Beratung (einschließlich einer eventuellen Vorbesichtigung und Kontaktaufnahme), Reinigung usw.".

Die Vierbeiner werden in Räumlichkeiten der Hundestaffel des FAG-Schutzdienstes untergebracht.

AP

(Reutlinger Generalanzeiger, Reutlingen, 29. Januar 2000)

Lightning Source UK Ltd.
Milton Keynes UK
UKHW032014260819
348660UK00007B/587/P